Alberto Campo Baeza
Pensar con las manos

Campo Baeza, Alberto

Pensar con las manos. - 2a ed. - Buenos Aires : Nobuko, 2009.
224 p. : il. ; 21x15 cm. - (Textos de arquitectura y diseño)

ISBN 978-987-584-222-9

1. Teoria de la Arquitectura. I. Título
CDD 720.01

Textos de Arquitectura y Diseño

Director de la Colección:
Marcelo Camerlo, Arquitecto

Diseño de tapa:
Sheila Kerner

Diseño y armado digital:
Miguel Ángel Novillo

Hecho el depósito que marca la ley 11.723

ISBN 978-987-584-222-9

Abril de 2009

Alberto Campo Baeza
Pensar con las manos

nobuko

Alberto Campo Baeza
Pensar con las manos

ÍNDICE

INTRODUCCIÓN

La claridad es la cortesía del filósofo. Ortega y Gasset.

Si la primera colección de mis textos editados conjuntamente se tituló *La Idea Construida*, la intención de proponer ahora algo que parece estar en el otro extremo *Pensar con las manos*, es la de intentar dejar claro que la labor creadora de un arquitecto necesita tanto de la cabeza como de las manos. La cabeza que genera las ideas, y las manos que materializan aquellas ideas, que las construyen.

Este *Pensar con las manos* está tomado prestado de la brillante imagen expuesta por Saramago en su novela "La Caverna" cuando afirma que los creadores tenemos como pequeños cerebros en la punta de nuestros dedos. Qué mejor que este *Pensar con las manos* para encabezar una colección de textos sobre Arquitectura.

Y así como en aquella introducción, un poco más larga, quise resumir todo lo que en aquellos textos se decía, quiero aquí fiar a los propios textos la labor de transmisión de mis ideas.

Y ya les adelanto que cuando estos textos son cortos en la forma, es porque pretendo que sean certeros en su fondo. Pero que, cuando son más extensos, no ha sido mi intención el usar más palabras sin más. Sólo que los temas que allí se exponen han requerido una mayor dimensión que no querría yo que estuviera exenta de la precisión de los textos más breves.

Y al igual que terminaba aquella primera introducción de hace ya más de una década reclamando para mis palabras la claridad orteguiana, debo confesar que sigo persiguiéndola. Para estos textos que ahora se publican juntos aquí y también para las obras que he levantado a lo largo de estos maravillosos años.

Debo y quiero agradecer a tanta gente que han colaborado de una u otra
manera a que estos textos vean ahora la luz. Siempre he tenido la suerte de
tener a mi alrededor gente muy generosa, mejor que yo.

A Juvencio Campo Fernández, mi padre, cirujano extraordinario que está a
punto de cumplir sus 100 años en Cádiz, con la cabeza clara y el corazón
generoso. Fue un brillante Profesor en la Facultad de Medicina de Valladolid
y un cirujano muy querido en Cádiz. Siempre le ví estudiando. Él me inculcó
la pasión por el estudio.

A Toshio Nakamura que publicó mis primeros textos en A+U, la más presti-
giosa publicación japonesa de Arquitectura de la que fui Correspondent en
Madrid durante muchos años.

A la Beca Salvador de Madariaga que me permitió pasar un año en Columbia
University de Nueva York como *visiting scholar*. Allí escribí algunos de estos
textos. Nunca olvidaré los paseos con Kenneth Frampton, las clases de
Reinhold Martin, la ayuda de Angela Giral, directora de la Biblioteca de
Columbia, ni la generosidad de Massimo y Lella Vignelli.

A Mathiew Scott que me invitó a impartir las Regnier Lessons en la Kansas
State University parte de las cuales se han vertido en forma de los escritos
que aparecen hoy aquí.

A Donna Robertson, Dean del IIT de Chicago, que no sólo prologó el libro
que sirvió de catálogo a mi exposición de 2003 en el Crown Hall, sino que
también me invitó a dar unas clases apoyadas por la Fundación Morgenstern
que están contenidas en estos textos.

SOBRE ARQUITECTURA

sm

EL ESTABLECIMIENTO DE LA ARQUITECTURA

Sobre la construcción del plano horizontal: el podio y la plataforma

El hombre ha sentido siempre una especial fascinación por la línea del horizonte. Donde se juntan, o se separan, el cielo y la tierra. Con Semper y con Frampton diríamos que el horizonte es la misteriosa línea que separa el mundo estereotómico ligado a la tierra pesante del mundo tectónico ligado al cielo, a la luz.

Pero la línea del horizonte no es más que la imagen visible del plano horizontal de la tierra que, aún siendo esférica, por razón de sus enormes dimensiones en relación con el hombre, es horizontal.

El hombre ha buscado siempre un plano horizontal para establecerse. Desde los juegos de niño sobre la tierra, hasta los monumentos que como Stonehenge son una exaltación y sacralización de ese establecimiento sobre el plano horizontal.

En nuestra infancia, sin saber quien nos lo había enseñado, como si de un juego primitivo impreso por la ley natural se tratara, los niños jugábamos al pincho y las niñas a las casitas. Y en ambos casos se establecía una clara definición de los límites del terreno sobre la tierra. Primero se aplanaba la tierra elegida y luego se trazaban las líneas que acotaban aquel territorio.

En el caso de los niños se trazaba un rectángulo que luego se iba dividiendo convenientemente según donde se clavara el pincho metálico. Se dibujaba entonces una línea recta de tal manera que nos concediera la mayor superficie posible.

En el caso de las niñas el trazado era el de una casa, un verdadero plano de planta. Recuerdo cómo no nos dejaban, a los niños, que entráramos en aquellos recintos tan inocentemente dominados.

Supongo que en todos los países y civilizaciones habrá juegos parecidos.

Quiero proponer aquí una reflexión sobre la operación arquitectónica más primitiva del hombre que se produce cuando sale de la cueva, del recinto pétreo materno. Se trata de una acción que sigue ligada a la tierra en la que se establece, de la manera mas elemental, el sencillo artificio del plano horizontal. Y es esta cuestión, la del plano horizontal, la que vamos a analizar. Por qué, cómo, dónde y cuándo.

LA HISTORIA ANTIGUA

Cuando el hombre primitivo levanta los trilitos del recinto sagrado de *Stonehenge*, antes ha encontrado, o creado, un lugar con un plano horizontal donde conformar aquel espacio bien definido.

La Acrópolis de Atenas, antes que la belleza inmensa de sus templos, es una propuesta de un plano horizontal elevado, en lo más alto de aquella montaña de los dioses, como bien lo entendieron los maestros cuando lo visitaron. Los dibujos de Le Corbusier, de Kahn o de Schinkel son harto expresivos. Antes que dibujar los detalles o los templos, dibujaron una vista general, suscribiendo aquella operación fundamental de crear el plano horizontal allá arriba.

Villa Rotonda, por encima de su brillante composición, nos habla del establecimiento de un plano horizontal, lo que los italianos llaman significativamente *piano nobile*, donde las potentes escaleras de acceso no hacen sino subrayar esa idea de podio de la que estamos hablando.

HABLAN LAS PALABRAS

Cuando tratamos de este plano horizontal sobre el que el hombre se aposenta, nos vienen a la cabeza muchas palabras que hacen relación a esta cuestión tan arquitectónica.

Establecerse, *table* (francés), *table* (inglés), tabla (español), *tavola* (italiano).

Aposentarse, posarse, sentarse, asentamiento, reposar.

Podio, plataforma, basamento, estilóbato, base, bancada, terraza, azotea.

Con la arquitectura el hombre se establece en un lugar para reposar. La palabra *table*, tanto en inglés como en francés, significa mesa, plano para poder desarrollar diversas funciones como leer, comer, trabajar; es como un mantel en el suelo, o un tapete o una alfombra.

El cuadro de Manet *Le dejeneur sur l'herbe*, con los personajes alrededor o sobre el mantel establece una clara situación de dominio espacial sobre la naturaleza. Lo que todos hemos hecho cuando hemos ido al campo o la playa: poner un mantel o una toalla en el suelo creando ese plano horizontal de dominio espacial instantáneo.

En castellano hay una palabra muy expresiva *tablao* para definir una construcción en madera de un plano en alto sobre el que se baila y se canta. Los *tablaos flamencos* son bien conocidos de todos.

Y después de establecerse creando un simple suelo definido y limitado tenemos que hacer algo más. Necesitamos protegernos de la lluvia con un techo. Y como este techo es material y pesado hemos de sostenerlo. Y después, por razón del clima y de la seguridad, tendremos que protegernos a nuestro alrededor, decidiendo los límites de ese plano horizontal controlado.

Cubrirnos y protegernos. Dos operaciones básicas de la arquitectura: decidir los límites del espacio vertical y horizontal. Los límites del cielo y de la tierra. Y ¿no es precisamente el horizonte el límite entre ellos?

BALSA, BARCO, MUELLE

¿Qué es la casa *Farnsworth* sino un espacio definido entre dos planos horizontales que flota? Mies van der Rohe hace flotar el plano horizontal de su suelo. A la precisa altura de nuestros ojos, tan alta que necesita de otra plataforma intermedia que nos haga posible el acceso de una manera más lenta, más palpable. Y ya sobre la plataforma principal nos encontramos sobre una balsa, como sobre una alfombra voladora. Con la calma y la serenidad que le confiere no tanto el clasicismo de su composición como la decisión de la altura a la que sitúa ese plano horizontal, tan horizontal que necesita inventarse un mecanismo especial para que el suelo fuera perfectamente plano. Y así bajo las losas de travertino hay unas pirámides invertidas de grava para su desagüe. El maestro, tan celoso de la horizontalidad, no permitió ni la más mínima pendiente bajo sus pies.

¿Y qué es la *ville Savoie* sino un espacio sobre un plano horizontal que navega? Le Corbusier coloca en la *ville Savoie* el plano principal a una altura tal sobre el paisaje que pareciera la cubierta de un barco. Bastante más alto que el de Mies, a una planta del suelo. Y si la balsa miesiana no necesitaba barandillas (no he visto jamás ninguna balsa, incluida la de *Gericault*, con barandilla), el barco de Le Corbusier sí necesita protección. Así podríamos leer el alféizar de esa *fenêtre en longeur* como barandilla que protege el patio alto, abierto al cielo, sobre el que la *ville Savoie* bascula espacialmente. La rampa, como mecanismo de acceso de velocidad más lenta, actúa de conexión funcional más que espacial, y es más rápida que el plano previo de Mies. Ambos maestros, convencidos de sus resultados, repitieron estos mecanismos de acceso, cada uno el suyo, en numerosas ocasiones.

Y ¿qué es la casa de Utzon en Porto Petro en Mallorca sino un espacio sobre un acantilado tallado en horizontal frente al mar? Si me he atrevido a ver la *Farnsworth* como una balsa y la *Ville Savoie* como un barco, no puedo menos que, siguiendo los símiles marinos, hablar del plano horizontal de la casa de Utzon como si de un muelle se tratara. El maestro danés escribió un interesante texto sobre las plataformas dando razón del origen de gran parte de su arquitectura: la consideración básica del plano horizontal del que estamos tratando de escribir. Pareciera que buscara aquí "la lejanía y la calma" de la que en ese texto habla al situarse sobre ese muelle frente al mar. Si Mies levanta el plano como para ir de puntillas y Le Corbusier se despega más como para construir su palafito, Utzon construye su plataforma, su basamento, con un sentido quizás más primitivo. Y una vez definido ese podio con piedra, piedra sobre piedra, levanta sobre él sus templos también a la griega manera.

LA GRAVEDAD, EL PORQUÉ DEL PLANO HORIZONTAL

No se trata de hacer distinciones pseudo médicas sobre el sentido del equilibrio y la trompa de Eustaquio de nuestro oído interno, pero alguna relación deben tener con este tema de la horizontalidad. Para estar, que es reposar, que es quedarse, permanecer, reclamamos un suelo horizontal. Sólo se les pone un plano inclinado a algunos presos para, precisamente, producirles desequilibrio. Para trabajar y poder apoyar los instrumentos que utilizamos, necesitamos el plano horizontal de una mesa. Sabemos bien los arquitectos menos jóvenes cómo se nos caían las cosas del antiguo tablero inclinado. También para dormir necesitamos, con mayor o menor mullición, un plano horizontal sobre el que reposar. No he visto jamás camas en planos inclinados, salvo casos clínicos en los hospitales o las de los peores presos en las películas más tópicas. Para sentarse, aunque después tenga también sus matices ergonómicos, necesitamos del plano horizontal, y así podríamos seguir observando como la cuestión del plano horizontal es, en la arquitectura, algo más que un capricho.

LA CUEVA Y LA CABAÑA

Cuando el hombre todavía habita en la cueva, busca en ella, o los crea, planos diversos, horizontales, donde situar sus funciones. Busca un plano principal donde desarrollar las funciones comunes, quizás donde colocar el fuego y después un plano, un poco más alto, para sentarse. Busca luego unos planos horizontales, más recogidos, capaces de dar cobijo a su necesidad de dormir. Es fácil imaginar lo anterior, sabiendo la necesidad del plano horizontal, que frena la gravedad, en la vida del hombre vertical. En el fondo es la búsqueda de un plano estable para siempre: la casa permanente.

Cuando el hombre sale de la cueva y concibe en su cabeza la idea de una posible habitación toda construida por él, controlada por él incluso en la elección del lugar, busca un sitio plano. Y lo apisona, y lo hace más plano y lo barre y lo marca, quizás como los animales. Pero a diferencia de ellos, lo marca con la geometría. Quizás con el círculo o con el cuadrado. Y a renglón seguido lo cubre, y luego lo cerca, como en la cabaña caribeña, con la que Semper resume pedagógicamente sus "cuatro elementos de la arquitectura". En el fondo es la búsqueda de un plano capaz de ser trasladado, ganando la libertad de la elección del sitio: la casa nómada.

EL PODIO ESTEREOTÓMICO

Podríamos imaginar el plano horizontal como tallado en la misma roca como un basamento sobre el que se va a asentar la arquitectura. Esta actitud de continuidad desemboca en la construcción de un podio que es uno con la tierra, como nacido de ella: el podio estereotómico será siempre masivo, pétreo, pesante. Las sugerentes imágenes de Adolf Apia, que gustaran tanto a Le Corbusier, pueden ilustrar de manera bien expresiva este tipo de operaciones. Los podios con que Mies van der Rohe resuelve la casa *Tugendhat* en Brno, o el pabellón de Barcelona pertenecen a este género del podio estereotómico. Y su idea viene reforzada por la manera en que aparecen los escalones de acceso como excavados, tallados en ese potente basamento. Es interesante observar que Mies, cuando decide utilizar el podio estereotómico, coloca siempre los escalones excavados de manera lateral. De manera muy diferente, cuando utiliza la plataforma flotante, sus escalones, también flotantes, aparecen en situación frontal. Así lo hará el viejo maestro una vez más en la entrada principal de su última obra en Berlín. Como lo hiciera Palladio en la villa *Rotonda* o en la *Malcontenta* de manera patente. Escaleras frontales en la *Rotonda* y laterales en la *Malcontenta*.

EL PODIO TECTÓNICO

Ya no hablamos de podio sino de plataforma. El plano principal, el *piano nobile*, aparece como alfombra flotante, o como mesa, cuando en la Arquitectura se pretende esa "flotabilidad", como Mies o Le Corbusier lo hacen en algunas de sus más paradigmáticas obras.

La plataforma flotante de la *Farnsworth House* (balsa la hemos llamado) o de la *ville Savoie* (cubierta de barco la hemos llamado) son claro ejemplo del plano horizontal elevado flotante. Algo que sólo es posible con el acero o con el hormigón armado. Lo que en el palafito hacía el hombre primitivo con la madera. La famosa cabaña caribeña de Semper es un ejemplo patente.

Hemos recorrido algunas cuestiones acerca del plano horizontal que ya vemos que no es antiguo ni moderno, ni clásico ni vanguardista. Es un mecanismo, una situación, que se relaciona con los temas más básicos del hombre en su condición de ser físico dependiente de la ley de la gravedad, que no puede evitar. O mejor aún, que si la Arquitectura no puede dejar de contar con la gravedad como ingrediente necesario, la cuestión del plano horizontal seguirá siendo un tema ineludiblemente básico.

MIES UP!

El plano horizontal elevado es un tema principal en los planes de Mies van der Rohe, que nos propone así el dominio del hombre sobre la tierra.

Todos los proyectos de Mies manifiestan su empeño en crear este plano horizontal del que ya nunca se apeará. Y para ello utiliza dos vías de gran eficacia, según trabaje con ese plano como límite superior de un podio o como plano aislado flotante. En el primer caso podríamos hablar con terminología tomada de Semper del podio estereotómico. En el segundo caso de podio tectónico, o mejor todavía de plataforma. En ambos casos siempre nos colocará este plano a la altura de los ojos, marcando desde el primer momento una posición muy precisa de horizonte próximo donde el plano horizontal se hace línea. Una razón más para comprender la importancia que Mies da a cómo se accede a ese nivel, siempre por escalones y nunca por rampa, en una operación espacial de gran interés.

Por un lado, cuando de un podio estereotómico y pesante se trata, accede de manera lateral. Los escalones de acceso a la casa, en la *Tugendhat,* o al pabellón de Barcelona, son laterales, y recogidos por un peto acentuando su condición de excavados en la roca pétrea.

Por otro, siempre que de una plataforma se trata, lo que hemos llamado podio tectónico, accede de manera frontal. Los escalones de acceso a la *Farnsworth* o al *Crown Hall,* son siempre frontales, y sueltos, ligeros, como flotando en el aire.

Es interesante estudiar cómo Mies, en los escalones excavados en el lateral de los podios, plantea el acceso continuo, sin detenimiento. O con el sólo descanso del pequeño rellano. Se trata de llegar cuanto antes arriba, al plano superior. Por el contrario, en los escalones que flotan en situación frontal para acceder a la plataforma superior, Mies crea una plataforma intermedia, amplia, en la que hace que nos detengamos para empujarnos a la contemplación de la transparencia y la continuidad del templo arquitectónico que nos ofrece arriba.

El maestro nos pone el listón muy alto, a la altura de los ojos, donde el plano se convierte en línea, para con gran sentido pedagógico acceder de su mano al elevado mundo de su arquitectura.

EL ARQUITECTO QUE QUISO ATRAPAR EL CUBO DE LA ARQUITECTURA

Sobre las dimensiones en la Arquitectura en relación con las dimensiones del hombre

El arquitecto lo vio claro. Quería dominar el espacio y con él la arquitectura. Y pensó que esto sólo sería posible si pudiera controlar la forma y las dimensiones del espacio arquitectónico. Y quiso entender entonces qué y cómo era este espacio.

Y se puso desde fuera frente a la forma cúbica, ante un cubo que era algo mayor que él. El gran plano vertical cuadrado parecía dominarle. Anduvo hasta la esquina y los dos planos verticales, ortogonales, le impresionaron con su fuerza. Pero él quería ser el que los controlara. Imaginó que se alejaba. Sabía que la figura cúbica la formaban seis planos y sólo veía dos. Y aunque sabía que había un plano allá arriba, el techo, que formaba un triedro con los dos planos que se erguían ante él, no tenía modo de dominarlo. Se subió a un árbol enfrente y desde allí pudo por fin ver los tres planos.

Será una mera cuestión de dimensiones, se dijo, y buscó una figura cúbica algo más pequeña que él, en un intento esperanzado de poder llegar a controlar todo el espacio. Comprobó orgulloso que de un solo golpe de vista podía dominar las tres caras que formaban el triedro. Una cara más que al principio. Pero cuando dando vueltas al cubo intentaba atrapar una cuarta cara y llegaba a ella, desaparecía una de las anteriores. Tras múltiples vueltas que llegaron a marearle, dedujo que no conseguiría nunca ver más que las tres caras del cubo de una sola vez. Y no le fue fácil calmarse.

Será un simple asunto de dimensiones, se volvió a decir como la primera vez. Y buscó una figura cúbica todavía más pequeña. La cogió entre sus manos y se dijo a sí mismo que ya la tenía dominada, pues le cabía toda ella dentro de una sola mano. Y continuó su juego. La alzaba, la bajaba, la rotaba, pero por más vueltas que daba a aquella figura, no se dejaba atrapar. Nunca llegó a conseguir ver más de tres caras de una sola vez. Y él sabía que tenía seis.

Y así, delante de las tres figuras cúbicas, la grande, la mediana y la pequeña, se sentó desesperado a reflexionar sobre su impotencia. ¡Jamás sería capaz de controlar el espacio!

Y pensando pensando, agotado, se quedó dormido. De repente, vio a Alicia a su lado. Ella le cogió de la mano y le llevó junto a la gran figura cúbica y por un pequeño boquete, ella bien lo sabía, entraron los dos a su interior. Allí el arquitecto pudo comprobar que ¡por fin! podía dominar hasta cuatro planos a la vez, y hasta cinco si se ponía con la espalda apoyada en uno de los planos verticales. Y hasta los seis planos si se colocaba en un ángulo, en una situación diagonal.

Súbitamente, la luz que bañaba el recinto interior, a la que no había dado mayor importancia y que no sabía de donde procedía, desapareció y todo quedó a oscuras. Aquella poderosa sensación de dominio del espacio desapareció. Y quedó desconcertado. Alicia sonreía a su lado. Pasado el eclipse la luz volvió. Y con ella las sensaciones volvieron a despertarse y el arquitecto recuperó el dominio del espacio.

Miró hacia arriba para ver de dónde procedía aquella claridad, y se despertó bajo la luz de un potente sol, sin Alicia, que se había quedado en su sueño, y ahora ya en la realidad, ante aquellas figuras cúbicas que tanta guerra le habían dado.

Concluyó el arquitecto, ya despierto, que la Arquitectura, el dominio del espacio, es una sencilla cuestión de medidas, de dimensiones dominables, a poner en relación con las dimensiones del hombre. También concluyó que era una cuestión de luz, sin la que la arquitectura no era nada.

DE LA CUEVA A LA CABAÑA

Sobre lo *estereotómico* y lo *tectónico* en arquitectura

Intentando clarificar y explicitar los términos *estereotómico* y *tectónico*, no inventados sino aprendidos, no hago más que intentar transmitir algo que bien me ha ayudado en la arquitectura que he construido en estos años.[1]

Empleo los términos *estereotómico* y *tectónico*, lo que Gotfried Semper[2] llama "categorías", porque tanto para entender qué hacemos los arquitectos, como para comprender cómo lo hacemos, son enormemente eficaces.

No son por tanto unos conceptos abstractos aplicables a la arquitectura, como se ha hecho con algunos sistemas de orden filosófico que tantas veces se han empleado en la arquitectura de estos últimos años en un debate interesante pero estéril.

Son términos eminentemente arqui*tectónicos*. El entender que parte del edificio pertenece a la tierra (*estereotómico*) y que parte se desliga de ella (*tectónico*), o el considerar que todo el edificio trabaja en continuidad con la tierra, o por el contrario, establece con ella los mínimos contactos, puede ayudar eficazmente a la producción del nuevo organismo arqui*tectónico*.

Kenneth Frampton en su libro *Labor work and Architecture*,[3] dedica un capítulo a hablar sobre estos temas de manera certera. Lo encabeza, cómo no, con el conocido grabado del abate Laugier sobre la Cabaña Primitiva. Recoge ahí el texto que ya publicara en 1990 en Architectural Design con el expresivo título de *Rappel a l'ordre, the case for the Tectonic*. Y siempre deja claro cómo la fuente de estos términos es Gotfried Semper que así los enunciaba en sus escritos más significativos.

Apunta Frampton en la introducción de su libro: "Partiendo de la hipótesis de lo que se refiere a la relativa autonomía de la arquitectura, la forma construida era tanto estructura y construcción como creación y articulación del espacio. Yo intento recuperar la noción del siglo XIX de *tectónica*, en un esfuerzo por resistir a la tendencia actual a quedarse sólo en los efectos escenográficos".

Y más adelante Frampton explicita: "Para evaluar la arquitectura del siglo XX en términos de continuidad e inflexión, más que en términos de originalidad como un fin en sí mismo". Y sigue: "Debemos volver sobre todo a la unidad estructural, como la esencia irreductible de la forma arquitectónica." Y en los párrafos siguientes propone de una manera clara el significado de los términos *estereotómico y tectónico*.

"Además de estas distinciones, Semper divide la forma construida en dos procedimientos materiales distintos: la *tectónica* de la trama, en la que las distintas partes se conjugan constituyendo una única unidad espacial; y la *estereotómica*, de la masa que trabaja a compresión, que cuando conforma un espacio, lo hace por superposición de partes iguales. El término *estereotómico* proviene del griego *stereos* que significa *sólido*, y *tomia* que significa *cortar*.

En el primer caso, *tectónico*, el material más común a lo largo de la historia ha sido la madera, o sus equivalentes, como el bambú, las cañas y el trabajo de cestería.

En el segundo caso, *estereotómico*, el material más usado ha sido el ladrillo, o materiales que trabajan a compresión de manera similar al ladrillo, como la piedra o el adobe, o el hormigón armado.

Ha habido excepciones muy significativas en esta división, especialmente donde, en base a la estabilidad, la piedra ha sido cortada y colocada de tal manera que toma forma y funciona como una trama."

Es obvio que Frampton se está refiriendo aquí a ese prodigio estructural que es el gótico en el que un material claramente estereotómico como es la piedra, adopta caracteres tectónicos en una situación limite, casi milagrosa, constituyendo una estructura donde se distinguen los nervios de la plementería, como una premonición de lo que siglos mas tarde hará el Movimiento Moderno en su desglose de pilares y cerramiento.

"Aunque estos hechos sean tan conocidos por todos, es necesario repetirlo. Tendemos a no enterarnos de las consecuencias ontológicas de estas distinciones, es decir, del modo en que el entramado de la estructura tiende hacia lo aéreo, a la desmaterialización de la masa, mientras que cuando la forma de la masa es telúrica, se asienta siempre en lo más profundo, dentro de la tierra.

La primera tiende hacia la luz, mientras que la otra lo hace hacia la oscuridad. Estos opuestos gravitatorios, la inmaterialidad de la trama y la materialidad de la masa, pueden servir bien para simbolizar los dos opuestos cosmológicos a los que ellos aspiran: el cielo y la tierra.

A pesar de nuestra altamente secularizada edad tecno-científica, estas dos polaridades todavía constituirán por mucho tiempo los límites experimentales de nuestras vidas. Es discutible que la práctica de la arquitectura se haya empobrecido, y hasta tal punto no es así, que hacemos mal en no reconocer estos valores transculturales y el modo en que están latentes en todas las formas estructurales.

En efecto, estas formas deben servir para recordarnos, según Heigegger, que los objetos inanimados también deben evocar el "ser", y que a través de esta analogía con nuestros propios cuerpos, el cuerpo de un edificio debe ser percibido como si fuera literalmente un ser físico. Esto nos lleva a volver a la consideración de Semper de la importancia de las juntas como el primordial elemento arquitectónico, como el nexo fundamental alrededor del que el edificio viene a su ser, o mejor dicho, viene a ser articulado, como una presencia en sí mismo". (Esta referencia a Heidegger la toma de su conocido texto "Construir, habitar, pensar")

El énfasis de Semper en las juntas implica que esta fundamental transición sintáctica debe ser entendida como un paso desde la base *estereotómica* a la estructura *tectónica*, y que dicha transición constituye algo muy esencial en arquitectura. De tal modo que estos componentes fundamentales son los que van a marcar los diversos períodos de la cultura del construir. Hay un valor espiritual que reside en la "cosidad" del objeto construido, de manera que las "juntas genéricas" llegan a convertirse en puntos de "condensación ontológica" más que en una simple conexión.

APROXIMACIONES A LOS TÉRMINOS ESTEREOTÓMICO Y TECTÓNICO
Intento de una mayor precisión en su entendimiento.

Se entiende por arquitectura *estereotómica* aquélla en que la fuerza de la gravedad se transmite de una manera contínua, en un sistema estructural contínuo y donde la continuidad constructiva es completa. Es la arquitectura masiva, pétrea, pesante. La que se asienta sobre la tierra como si de ella naciera. Es la arquitectura que busca la luz, que perfora sus muros para que la luz entre en ella. Es la arquitectura del podio, del basamento, del estilóbato. Es para resumirlo, la arquitectura de la cueva.

Se entiende por arquitectura *tectónica* aquélla en que la fuerza de la gravedad se transmite de una manera sincopada, en un sistema estructural con nudos, con juntas, y donde la construcción es articulada. Es la arquitectura ósea, leñosa, ligera. La que se posa sobre la tierra como alzándose de puntillas. Es la arquitectura que se defiende de la luz, que tiene que ir velando sus huecos para poder controlar la luz que la inunda. Es la arquitectura de la cáscara. La del ábaco. Es, para resumirlo, la arquitectura de la cabaña.

Es evidente que esta distinción se hace en base a una consideración "estructural" de la arquitectura. Veo cada día mas claro la central importancia de la estructura, portante y transmisora de cargas y a la vez conformadora y ordenadora del espacio arquitectónico. La estructura es la respuesta material a la gravedad que, tantas veces he repetido, "construye el espacio", de la misma manera que la luz "construye el tiempo".

GRAVEDAD

La G, la fuerza de la Gravedad.

No me cansaré de repetir que la gravedad "construye el espacio". La estructura portante no sólo transmite las cargas a la tierra sino que, sobre todo, establece el orden del espacio. La definición de la estructura portante, su establecimiento, supone un momento clave de la creación arquitectónica. Ya hemos visto antes como Frampton defiende este papel central de la estructura, de "la unidad estructural como la esencia irreductible de la forma arquitectónica". Pues en ese sentido, en el gravitatorio, en el estructural, es en el que los conceptos de lo estereotómico y lo tectónico tienen su más claro entendimiento.

En una arquitectura *estereotómica*, "la gravedad se transmite en masa, de una manera continua, en un sistema estructural continuo donde la continuidad constructiva es completa", donde todo trabaja fundamentalmente a compresión.

Prácticamente toda la historia de la arquitectura esta constituida por edificios en que esto es así. Con muros masivos de piedra o de ladrillo se conformaban los recintos. Y al llegar a la cubierta, los arcos las bóvedas y las cúpulas aparecían como inventos formales capaces de hacer que todo aquello constituyera un espacio cerrado en continuidad. Luego, con los mismos materiales, el ladrillo y la piedra, se intentó aligerar el artificio para poder levantarse hasta mayores alturas. Las potentes fábricas de los romanos, con sus estructuras de "cofre", como la Basílica de Magencio o de manera aún más sublime la del Panteón, dejaron paso a las delicadas estructuras de "cesta" de los góticos. Ya antes apunté como la idea principal del gótico, aligerar la construcción pétrea con los nervios y las plementerías, no era más que la voluntad de alcanzar mayor altura para tomar mayor cantidad de luz de lo alto. Pareciera una premonición de lo que en el siglo XX constituyó uno de los puntos centrales de la revolución arquitectónica: la separación de los pilares y del cerrramiento, de los elementos portantes y de la piel.

En una arquitectura *tectónica*, "la gravedad se transmite de una manera sincopada, en un sistema estructural con nudos, con juntas, donde la construcción es articulada", donde se deja de trabajar solo a compresión y aparecen los "momentos". Y así como los edificios clave de la historia de la arquitectura pretérita, pétreos, masivos, pertenecen a lo que hemos llamado de carácter *estereotómico*, otra parte importante de la arquitectura, la más reciente, realizada con materiales más ligeros, pertenece al campo *tectónico*. La condición efímera de aquellos materiales ligeros como la madera, hace que cuando en la historia de la Arquitectura se ha pretendido la permanencia en el tiempo, se haya empleado básicamente la piedra. Hasta que apareció, ya muy recientemente, el acero.

Uno de los puntos claves del acero es el conjugar su máxima durabilidad con su carácter ligero, además de su capacidad de resistir la concentración de fuerzas que pasan por él. La capacidad de resistir los esfuerzos estructurales que los arquitectos y los ingenieros llamamos "momentos". Bien sabía todo esto Mies van der Rohe que levantó toda su obra con un carácter claramente *tectónico*. Y también bien sabía el maestro cuánto de irónico tenía el buscar la permanencia a través de unos elementos, los tectónicos, mas perecederos que los estereotómicos. Quizás para confirmar que lo que permanecen son las *ideas* por encima de las formas. Como pasaría durante tantos años con su Pabellón de Barcelona antes de ser reconstruido, y que sin embargo era motivo de enseñanza continua para todos, con una fuerza tan grande como la de los más imperecederos templos griegos.[4]

LA LUZ
La fuerza de la levedad

He escrito multitud de veces sobre la luz.[5] Y siempre he propuesto que la luz en arquitectura "construye el tiempo", y que la luz es el material capaz de poner al hombre en relación con la arquitectura. De ahí mi insistencia en el "Architectura sine luce nulla architectura est". Pues es en ese sentido, en su relación con la luz, en el que los conceptos de lo *tectónico* y lo *estereotómico* adquieren su más clara lectura.

La arquitectura *estereotómica* busca la luz. Perfora sus muros para que, atravesada por los rayos del sol, poder atrapar la luz en su interior. Las ventanas serán aquí excavaciones en los muros para poder llevar al interior esa luz. Y no se podrán abrir lucernarios en su plano superior hasta que no haga su aparición el vidrio plano en mayores dimensiones. Sólo el Panteón, lugar reservado a los dioses, se atreve a abrir ese hueco superior a cielo abierto. Los patios serán entonces los mecanismos intermedios para poder llevar la luz al interior de los edificios, siempre a través de las ventanas abiertas en sus muros perimetrales verticales.

En muchas de las iglesias del románico, la excavación de las ventanas en los muros, y la orientación del propio edificio, se hacían en base a un estudio del recorrido del sol a lo largo del año, de manera que se sabía con precisión la cantidad y la calidad y el momento en que la luz iba a entrar a cada espacio.

Y si hemos apuntado cómo el gótico en su relación con la estructura hace un "tour de force" para lograr que un organismo estereotómico tenga aires de tectónico, lo hace también en relación a la luz. Abre sus plementerías verticales hasta lo más alto, y las llena de vidrio para permitir que la luz entre a raudales en aquellos espacios generosos. La bellísima *Sainte Chapelle* en París es un claro ejemplo de lo que decimos. Y después todo el Barroco que básicamente es un ejercicio brillantísimo de esa búsqueda de la luz.

Por el contrario, una arquitectura *tectónica*, puro hueso, necesitará protegerse de la luz que la inunda. Si con el acero se había conseguido llegar a una delicada osamenta al límite de la mínima expresión, será el cerramiento vertical añadido el que sirva de mediador entre el espacio interior y la luz del sol que ahora todo lo llena. Viene aquí a colación el bellísimo rascacielos de vidrio que Mies van der Rohe nunca construyera. Pero que permanece para siempre en nuestra cabeza. Una estructura pura con finísimos pilares que se van superponiendo y libérrimo en la forma de su planta ondulada jamás igualada. Y un acristalamiento que es un canto a la transparencia y cuyos reflejos dan fe de la libertad formal de aquella planta. Pero todo reclama un control eficaz de la luz. Lo que después hará Mies en su paradigmático Crown Hall del IIT de Chicago: la primera mitad, la más baja de su acristalamiento será traslúcido. Es ésta, la tectónica, una arquitectura que se defiende de la luz, que para poder controlarla debe velar sus huecos.

CONCLUSIÓN

Pienso que en los próximos años, este mecanismo de análisis arquitectónico a través de las categorías de lo *tectónico* y lo *estereotómico*, en definitiva un mecanismo capaz de concretar los temas de la Luz y la Gravedad, puede ser enormemente útil a los arquitectos tanto para desarrollar sus ideas como para poner en pie las obras que las materializan.[6]

NOTAS

[1] Semper nos propone estas categorías como: "stereotomics of the earthwork" y "tectonics of the frame" que traducidas literalmente serían "estereotomia del trabajo de la tierra" y "tectónica de la estructura". Nos ha parecido más sencillo el no arrastrar por redundantes las segundas partes aclaratorias, por lo que hemos decidido usar, como Frampton lo hace, los términos *estereotómico* y *tectónico* directamente. Durante todo el Curso Académico 1989-1990, estuve como *gastdocent* en la ETH de Zurich, coincidiendo con una estancia allí del profesor Frampton que daba su clase allí todos los lunes a las 10 de la mañana. Como yo viajaba desde Madrid cada lunes, tras las correspondientes carreras por los aeropuertos, siempre llegué puntual a esas interesantes clases en las que Frampton explicaba estos temas de lo *tectónico* y lo *estereotómico* con una claridad meridiana que yo quisiera también tener aquí ahora en este texto.
Es de justicia citar aquí no sólo a Kenneth Frampton, sino también a Jesús Aparicio. El profesor Aparicio en sus estancias como becario Fullbright en Columbia, me comentaba estos temas que por entonces Frampton destilaba de sus estudios sobre Semper. Los términos *tectónico* y *estereotómico* pronto sonaron familiares en la Escuela de Arquitectura de Madrid. En el libro "El Muro", resultado de aquella Tesis con la que el profesor Aparicio se convirtió en Doctor, no sólo dedicaba una parte importante de su tiempo a tocar estos temas, sino que eran su "leitmotiv". A veces comentábamos en broma como los alumnos, más inocentes que ignorantes, pedían que les aclaráramos aquellos términos de "estereofónico" o "estereotónico".
Con características parecidas hay un interesante trabajo de la profesora y arquitecto Ana Maria León que incluye unos interesantes cuadros sinópticos con gran sentido pedagógico, y que recomendamos consultar y estudiar a los interesados sobre el tema.

[2] Los textos más básicos de Semper se traducen por primera vez al inglés en el muy interesante libro de Wolfgang Herrmann: "Gotfried Semper. In search of Architecture", publicado por MIT Press en 1984. Su versión en castellano se publica como parte del libro "La casa de un sólo muro" de Juan Miguel Hernández León, Catedrático y Director de la Escuela de Arquitectura de Madrid.
Es curioso el comentario de Herrmánn sobre el interés de Semper por difundir sus ideas en inglés: "He gave at Marlborough House, written in English, incidentally a language he never quite mastered". Bien sabía el viejo revolucionario alemán de la importancia de los medios, de la palabra, para difundir las ideas.

[3] "Labour work and architecture". Kenneth Frampton. Phaidom Ed. Londres 2002. (pág. 23).
Este texto es el mismo que apareció en 1990 en Architectural Design nº 60/3/4/pp.19-25.

[4] Clarificar cuánto pertenezca un edificio a lo *estereotómico* o a lo *tectónico*, es de una gran eficacia conceptual. Y así la arquitectura de los maestros es altamente expresiva: ¿No es toda la arquitectura de Mies van der Rohe un claro ejercicio de piezas tectónicas posadas en podios estereotómicos?

[5] Tienen los ingleses una curiosa expresión: "Gilding the lilly" para transmitir cómo la Belleza es algo más que la sóla perfección de la creación. Ese "dorando la azucena" que seria la traducción literal, quiere expresar el que todavía se puede hacer algo más sobre la creación cuando es perfecta. Ese algo más que es la Belleza. La Venustas

exigida por Vitrubio. Pues entiendo que la Luz en la arquitectura desempeña un claro papel actuando sobre la perfección conseguida con la sola Gravedad.

[6] Me viene aquí a la memoria un precioso y sencillo dibujo de Saarinen que Alejandro de la Sota, fascinado, nos dibujaba en la pizarra en el curso 1966-1967 a los que por entonces éramos jovencísimos alumnos del primer año de carrera. Allí, en aquellas dos partes de la casa, una enterrada y la otra emergente, estaban ya sin llamarlos así los conceptos de lo *tectónico* y lo *estereotómico*.

EL SOPLO DE UN AURA SUAVE
Sobre el descubrir las claves de la Arquitectura del futuro

Estamos ya inmersos con una velocidad de vértigo en un apasionante nuevo
milenio, y se preguntan muchos ¿dónde está el futuro de la arquitectura?,
¿Cuáles son las claves para descubrir qué pasará, qué está pasando con esta
tan hoy revuelta arquitectura?

Creo que en el futuro, como lo ha sido en el pasado y lo es en el presente, el
centro de la cuestión está en las IDEAS. Por encima de sólo las formas.
Siempre he dicho que "Architectura sine idea vana architectura est."[1] Una
arquitectura sin ideas es vana, está vacía, formas banales. Aunque siempre al
final aparece la forma ineludible como traducción material de aquellas ideas.

Creo que el futuro está más en el pensamiento original capaz de generar
formas con sentido, que en la fatua novedad formal. Más en la libertad consciente que en el capricho arbitrario. Más en la originalidad profunda que en el
hoy de moda "todo vale".

Creo que el futuro está en una arquitectura más profunda que superficial,
más sabia que ocurrente, más lógica que ingeniosa. Soportada en estructuras
capaces de construir el espacio arquitectónico. Alumbrada por la luz capaz
de construir el tiempo. Una arquitectura que domine la gravedad y la luz.
Capaz de permanecer, de quedar en la memoria de los hombres, en la
historia.

MIENTRAS TANTO

Y mientras tanto la arquitectura de nuestros días se entretiene en juegos
banales de apariencia brillante capaces de seducirnos. Como Ulises, en el
viaje de nuestra vida de arquitectos deberíamos ceñirnos al mástil de la
razón para no ser sorbidos ni por Scilla o Caribdis.[2] Ni por el dinero ni por la
moda ni por la fama.

Se rinde hoy culto a la piel del edificio sin considerar que el tiempo suele ser
cruel cuando sólo a esta cualidad fiamos la resistencia de nuestra arquitectura a dicho tiempo. Por muy brillantes que sean las soluciones.

Se tiene por aburrida la arquitectura que no gira ni se tuerce ni se retuerce.
Plantas y secciones, pilares o ventanas, bailan hoy al son de baratas
melodías muy alejadas de aquellas eficaces variaciones con las que por
poner un ejemplo claro, trabajó el Barroco.[3] Se rinde culto a la agitación y al
grito. Se olvidan la serenidad y la calma.

A la voz de todo es posible se pone en pié lo imposible que durará lo que
sean capaces de aguantar las siliconas con que todo aquello se sostiene. Se
rinde culto a lo arbitrario y al capricho. Se olvidan la razón y la lógica.

Y también los críticos. Todo lo anterior y más que no cito por mor de la brevedad, se aliña con palabras vanas y abundantes que no llegan nunca al fondo de las cuestiones. Ingeniosa verborrea. Pero todo esto pasará. Siempre ha pasado y ha pasado.

Se diría que se han materializado las imágenes referidas por el profeta Elías en un bellísimo pasaje del Libro de los Reyes donde describe los signos impetuosos que anuncian falsamente la llegada de su Señor. No estaba Dios en "el viento fuerte e impetuoso que hundía las montañas y quebraba las peñas" ni en "el temblor de la tierra" ni en el "fuego". Sólo al final, tras el fuego, en "el soplo de un aura suave" estaba Dios.[4]

Quizás la arquitectura, la creación por excelencia, deba encontrar su razón de ser en algo tan inefable como este "soplo de un aura suave".

SALTO AL FUTURO

Uno de los cimientos en los que se debe basar un creador al hacer su obra, un arquitecto al concebir y levantar su arquitectura, es mirar al futuro sabiendo descubrir las claves para su creación. Entendiendo bien el tiempo en que vivimos que es también conocimiento profundo del pasado y con un pie en el aire, y a veces los dos para saltar al futuro.[5] Este salto lo considera Italo Calvino la clave del futuro. Y lo materializa brillantemente en el salto de Cavalcanti.

No se trata con nuestra arquitectura de dar gusto a los que nos rodean. Nunca han sido los verdaderos creadores reconocidos totalmente en vida. Todo lo contrario. Se trata de con nuestra arquitectura concebir, levantar y construir la casa del hombre, la ciudad de los hombres. Crear y recrear el mundo construyendo ideas.

ALGUNAS CLAVES

El acero, y con él el hormigón armado, y el vidrio plano en grandes dimensiones, fueron materiales maravillosos que posibilitaron en su día el planteamiento de temas espaciales nuevos: el espacio continuo, el paisaje subrayado, la transparencia total, los grandes espacios adintelados, la descomposición de la caja, el plano flotante, son algunos de los temas que protagonizaron tantas arquitecturas modernas.

Querríamos saber, ¡ojalá tuviéramos las claves!, cuáles son los nuevos puntos de apoyo que van a posibilitarnos seguir avanzando. Temas como la movilidad de los planos conformantes de la caja,[6] o las posibles variaciones de la cualidad de la luz en las paredes, o el cambio en las estructuras de los huesos por cartílagos, o muchos otros temas que aparecen en el panorama arquitectónico actual y sobre los que hay que reflexionar profundamente.

A nosotros nos corresponde el descubrir estas claves y avanzar. Los arquitectos construimos ideas con la razón como primer instrumento. La gravedad y la luz son los temas centrales de nuestro trabajo. La gravedad que construye el espacio y la luz que construye el tiempo. Quisiera yo para mi arquitectura, además, la capacidad de servir y de conmover a los hombres. Con el rigor y la precisión de la razón. Capaz de permanecer en la memoria y de construir la Historia. Capaz de convocar a la Belleza para la mayor felicidad de los hombres.

Notas:

[1] Ésta y muchas de las ideas contenidas en estas líneas se recogen en el libro "La idea construida" que escribí hace ya varios años y que va por su sexta edición. Las dos primeras en la edición del Colegio Oficial de Arquitectos de Madrid y las dos segundas por la Universidad de Palermo (Argentina). Y las otras dos por libre. Pronto verá la luz la edición en inglés que está ya ultimada.

[2] Merece la pena volver a leer este bellísimo episodio de la Odisea de Homero en que Ulises, uncido al mástil, atraviesa el Estrecho de Messina. Utilicé ya esta ajustada imagen para hablar de la resistencia de un maestro de la Arquitectura como es Fisac en el escrito que hice con motivo de su Medalla de Oro de la Arquitectura.

[3] Cuando se introduce uno en las obras de Bernini se entiende de un golpe la eficacia absoluta de sus variaciones, de sus operaciones espaciales de tan fascinante belleza. Su Scala Regia, por poner sólo un ejemplo, donde no hay casi ningún ángulo recto, ni en planta ni en sección, es ejemplo paradigmático de cómo con un preciso movimiento de todos sus planos se consiguen efectos espaciales de primer orden.

[4] Es interesante transcribir este pasaje del Libro de los Reyes del Antiguo Testamento (I Reyes 19, 11-12): Díjole el Señor: "Sal fuera, y ponte sobre el monte en presencia del Señor", y he aquí que el Señor pasó. Y hubo un viento fuerte e impetuoso, que hendía las montañas y quebraba las peñas ante el Señor, pero el Señor no estaba en el viento. Después del viento vino un temblor de tierra; pero tampoco estaba el Señor en el temblor de tierra.
Tras el temblor de tierra, fuego; pero el Señor no estaba en el fuego. Y tras el fuego un soplo de aura suave".

[5] Italo Calvino propone como imagen capaz de sintetizar todo lo que él quisiera para sus propuestas para el nuevo milenio el salto de Cavalcanti, para representar el futuro que él analiza en su "Seis propuestas para el nuevo milenio".
Cuando analizo la muy interesante casa en Bordeaux de Rem Koolhas, y veo la plata-forma móvil, el plano horizontal móvil, echo de menos el que ese cambiar de plano fuese capaz de producir un más intenso cambio espacial. Y viene a mi memoria el plano vertical del gran ventanal de la casa Tugendath en Brno, donde Mies van der Rohe, hace ya casi un siglo, era capaz de cambiar la cualidad del espacio al mover los planos que lo conformaban.

DE LA MEDIDA DE LAS IDEAS
Sobre pensar con las manos y construir con la cabeza

Si alguien dice que una idea tiene dimensiones, se pensará que está loco de atar. Las ideas, los pensamientos, ¿cómo van a tener dimensiones? Pues en arquitectura, las ideas para poder ser construidas necesitan tener medidas, dimensiones. Y sólo serán eficaces cuando las medidas sean las precisas y adecuadas para hacer que esas ideas vengan a la luz.

LAS MEDIDAS DE LA LUZ Y DE LA GRAVEDAD

La arquitectura necesita, como toda labor creadora, de unas ideas que la sustenten. Pero, o estas ideas son capaces de ser traducidas con la materialidad que le es propia a la arquitectura, o serán sólo ideas vacuas. Y de la misma manera que defendemos que la arquitectura es idea construida, debemos entender que esa transformación de las ideas en materia, debe hacerse con precisión. Por eso hablamos de la medida de las ideas, de que estas ideas son traducibles eficazmente con unas medidas concretas.

Y siempre por supuesto, en lo que a medidas se refiere, teniendo al hombre en el centro de la cuestión con sus tres dimensiones. No en vano la arquitectura es para el hombre.

Hemos repetido muchas veces, que la GRAVEDAD, su control a través de los elementos portantes, de la estructura, es la base material que ordena la arquitectura, que construye el ESPACIO.

Ni nos hemos cansado de insistir en que la LUZ, el diálogo con ella, su dominio a través de su diálogo con los elementos materiales que conforman la forma, es el material que tensa ese espacio construido por la GRAVEDAD.

La GRAVEDAD construye el ESPACIO y la LUZ construye el TIEMPO.

Será necesario entonces, a través del ajuste de sus medidas, TEMPERAR esos espacios y esos tiempos dimensionándolos, proporcionándolos, dándoles escala, en definitiva, poniéndolos en relación con el hombre.

Al final, hay que construir con formas definidas por tres dimensiones. Con proporciones, cuyo control lo dará la precisión de las medidas. De la misma manera que el cálculo de la estructura acaba en algo tan concreto como su dimensión precisa.

Hay que conocer las MEDIDAS con las que se va a levantar la arquitectura.

Hay funciones que son posibles con unas medidas, y que no lo son con otras. Aunque la forma y las proporciones fueran correctas.

Hay construcciones que son posibles con unas dimensiones y con otras no.

Hay temas de LUZ que son eficaces con unas medidas y no lo son con otras.

¿Qué son los planos de un proyecto de ejecución, el documento imprescindible para construir, sino una suma de mil medidas que tratan de definir así, pormenorizadamente, el mayor número de aspectos que concurren en él?

En resumen, se trata de dominar la luz y la gravedad a través de su definición con medidas precisas. Porque las IDEAS en arquitectura tienen MEDIDAS que se basan en las del hombre y el mundo.

LAS MEDIDAS DEL HOMBRE

El punto de partida de la arquitectura es el hombre como ser corpóreo y pesante. Y su capacidad de crear, de tener ideas y de construirlas. Estas ideas de arquitectura deben ser construíbles. Habrá que saber cómo se construyen, cómo se trazan, su geometría, su composición. Y cómo se levantan, su construcción. La construcción depende de la traza. El cómo físico depende del cómo geométrico. El cómo geométrico se expresa a través de las medidas, de las dimensiones, de los números. Y estas medidas hacen relación siempre al hombre.

El arquitecto puede elaborar unos espacios proporcionados relacionando los elementos que los componen entre sí. Buscando la proporción interna de las formas con las que trabaja y en cuanto introduce su relación con el hombre, centro de toda arquitectura, cambia radicalmente la situación.

La relación del hombre con sus medidas universales, con el espacio, con las formas que lo conforman, es una relación de distancia numérica. De la medida de las cosas. Y para poder trabajar sobre la arquitectura, es imprescindible el mejor conocimiento sobre las medidas y su efecto sobre el hombre.

De la misma manera que la base de la relación del hombre con la música emitida por un violín, dependerá de la distancia a dicho instrumento y de la potencia del instrumento emisor, así pasará con sus distancias respecto a los elementos arquitectónicos. El sonido de un violín oído a una distancia excesiva, puede perderse y no ser eficaz. Y si la distancia es demasiado pequeña, podemos acabar ensartados en el arco del violín.

Y así como en la música, es el oído sobre todo el que la pone en relación con el hombre, en la arquitectura es la vista la que principalmente permite esa relación. Aunque todos los sentidos también colaboren a ello. De ahí que la LUZ sea, la gran protagonista de la arquitectura.

Y así, los confines arquitectónicos capaces de ejercer influencia eficaz sobre el hombre, son los que deben se dominados por el arquitecto.

Confines que bien definía Heidegger como el "límite a partir del cuál una cosa comienza a venir a presencia".

DE CUANDO MIES VAN DER ROHE SE COLÓ POR EL ÓCULO DEL PANTEÓN A BORDO DE LA CASA FARNSWORTH

Y es que Mies van der Rohe era alemán. Y como se le metiera una idea en la cabeza no había quien se le resistiera.

Y un buen día cuando un alumno americano le objetó sobre la precisión de las dimensiones de su casa Farnsworth, él respondió, en un momento de inspiración que su casa cabía por el óculo del Panteón de Roma. Es más, se inventó, dándole la vuelta a la Historia, y creyéndoselo sin inmutarse el estudiante, que el arquitecto del Panteón había hecho el óculo tomando como pauta las medidas de la casa Farnsworth del maestro. Y así ocurrió lo inimaginable.

Fue en la primavera de 1964. Dos meses antes de su mítico viaje a España. Todos los estudiantes de arquitectura del mundo estaban expectantes ante las dobles pantallas de sus Escuelas.

En la primera pantalla, en conexión directa con Roma, el Panteón. Tantas veces estudiado y admirado e incluso visitado. Sabían bien su historia que tantas veces les habían contado. De cómo el bronce de su pórtico había sido sacrificado por Bernini en aras de su espléndido baldaquino. Y de cómo el mismísimo Velázquez había expuesto allí, en el Panteón, el increíble retrato de su criado Pareja con el que la Academia de San Lucas no pudo negarse a aceptarle como miembro. Y además sabían, porque lo habían leído en las memorias de Adriano de M. Yourcenar, que "el disco del día reposaba allí como un escudo de oro". Los estudiantes de arquitectura tenían claro que era un espacio grandioso. Tan grande les parecía que, por contraste, pensaban seriamente en la pequeñez del óculo por el que el sol arrojaba aquel dorado escudo. Y deducían que ese reducido tamaño del óculo era lo que hacía que les pareciera tan grande aquel recinto de universal belleza. El Panteón siempre les servía de referencia. Lo único que no se sabían, nadie se lo había dicho ni a ellos hasta ahora les había interesado demasiado, eran sus exactas medidas.

En la segunda pantalla, en conexión directa con el espacio sideral, la casa Farnsworth volaba veloz y serena por el aire. Con sus sillas y todo. Y sobre todo y sobre todos el mismísimo Mies van der Rohe pilotando tan arquitectónica nave. Sentado en su silla Brno tapizada en cuero negro, se estaba fumando un puro que no se lo saltaba un torero. Se le veía disfrutar dirigiendo el artefacto espacial que, flotando, flotando, o eso al menos decía él, viajaba triunfante a lo largo del tiempo y del espacio. No en vano le había costado más de 6 años su precisa concepción y su perfecta construcción. Los estudiantes lo sabían todo sobre la casa Farnsworth. Sabían como solicitar los permisos a Palumbo para poder visitarla. Casi todos ellos lo habían hecho. Incluso alguno había vadeado el río Fox para acceder a aquella maravilla espacial cuando, últimamente, los permisos eran más difíciles. Lo que ya se sabían menos, pues le daban menos importancia, eran sus exactas medidas.

A los incrédulos alumnos de Arquitectura de esa materia tan precisa que ellos creían tan difusa, se les había dicho que Mies van der Rohe (¡demasiado antiguo, demasiado clásico!) pretendía aterrizar con su casa-nave en el centro del esférico espacio romano. Se planteaban aquellos estudiantes, que sería una escena gloriosa, digna de un buen "blade runner" cuando la ligera nave espacial, pura tectónica, rompiera la pesante masa estructural, estereotomía pura de aquella arcaica construcción. Significaría algo así como el triunfo de la nueva arquitectura sobre la antigua. O eso al menos pensaban ellos, porque no les cabía la menor duda de que se estrellaría. Porque, ¿cómo una casa tan magnífica y tan magnificada, tan grande, iba a caber por aquel pequeño óculo por donde el sol se metía en el Panteón?

Los dos sistemas de monitores coordinados funcionaban multiplicados por mil a través de los miles de pantallas que inundaban presidiéndolas, los vestíbulos de todas las Escuelas de Arquitectura que en el mundo son, en espera de tamaño acontecimiento. Se acercaba inminente el revolucionario momento.

Y llegó la hora H. Y se produjo entonces el milagro. La paradigmática casa Farnsworth pilotada por Mies van der Rohe, atravesó impecable, sin tocarlo ni mancharlo, el pequeño óculo del Panteón. Todos respiraron aliviados. Y todos rompieron, rompimos a aplaudir desaforadamente. Con vivas a Mies, a Adriano y a la Arquitectura. Porque era la arquitectura por mor de la medida, la causante de aquel prodigio que no era tal sino el sencillo y exigible a cualquier arquitecto, conocimiento preciso de las dimensiones de las cosas. Mies, bien preciso él, bien que lo sabía.

Las dimensiones del Panteón con sus 43,5 metros del diámetro de su esfera interior y los 9,5 metros de diámetro del disco de su óculo hacen perfectamente factible el que la casa Farnsworth que mide 9 metros de ancho entre sin problema, volando, por aquel divino orificio.

En definitiva, que bien les hubiera venido a aquellos estudiantes de arquitectura, y a éstos, el conocer bien la medida de las cosas. Para no llevarse sorpresas. Ni tan buenas como la relatada, ni tan malas como las que llenan nuestras ciudades. Para entender que la arquitectura es la traducción precisa, medida y exacta, de aquellas ideas que alguien pudiera creer desmedidas y confusas. Que la arquitectura, que siempre es material, necesita, porque toda materia tiene medida, que alguien la defina con precisión y eficacia. Y ese alguien son los arquitectos, que deben conocer bien la medida de las cosas.

A los estudiantes de arquitectura, que conocen bien las medidas de su habitación y de su clase y de su Escuela, se les podría proponer entonces que pusieran en juego su imaginación. Y que se metieran en edificios famosos, conocidos tan sólo a través de los libros, para llegar al conocimiento preciso de sus exactas medidas. Descubrirían entonces que Gunnard Asplund, emulando la peripecia relatada de Mies, volando en alas de su Biblioteca de Estocolmo, lograría acoplar su gran cilindro, si fuera capaz de llegar a Granada, en el cilíndrico vacío del hermoso patio renaciente del palacio de Carlos V.

En cualquier caso no sería mala conclusión de toda esta historia el que todos los estudiantes de arquitectura, y todos los arquitectos, llevaran siempre consigo una cinta métrica, o ese pequeño instrumento moderno capaz de medir por medio de haces luminosos o sónicos. Y una brújula y una plomada que, lejos de ser antiguas son, como la luz y la gravedad mismas, eternos asuntos.

LA CIUDAD MACHACADA
Sobre la socialización del suelo

La Ciudad es el título de un pequeño libro de Hermann Hesse que comienza así:

"Los campos ardían silenciosamente a la luz amarilla del sol y las altas montañas llenas de bosques se erguían en el brumoso azul del horizonte. El sonido de la primera garlopa rechinó estridente en la tierra asustada, el primer disparo de escopeta tronó y retumbó en las montañas, el primer yunque emitió su agudo sonido bajo los rápidos golpes del martillo. Surgió una casa de hojalata, y al día siguiente una de madera y otras más, cada día nuevas, y pronto las hubo también de piedra."

Así de bien describe Hesse el comienzo de una ciudad, y termina, tras las muchas peripecias que allí se narran, con la destrucción de la propia ciudad por la naturaleza que acaba invadiéndola. Termina con el canto de un pájaro que mira satisfecho el crecer del bosque y el espléndido y verdecido progreso sobre la Tierra.

Leí este texto, mejor dicho, lo vi, en una edición con ilustraciones de Walter Schmögner y caligrafía de Stella Wittenberg donde se hace patente a través de los preciosos dibujos el paso de la naturaleza virgen a la ciudad y la vuelta a la toda naturaleza.

Y es que si hablamos sobre SOSTENIBILIDAD, de la casa, de la ciudad y del territorio, debemos hablar sobre arquitectura. Porque, ¿no es la arquitectura algo diferente de la naturaleza, que se impone sobre ella?

¿Qué es entonces lo que debe entender un arquitecto por SOSTENIBILI-DAD? ¿Quizás un mayor acuerdo con la naturaleza? Todos ustedes han hablado estos días aquí con palabras más sabias que las mías sobre un tema que hoy está en el candelero. Porque intentamos hacer las cosas mejor. Porque intentamos corregir los errores del pasado. Porque queremos una tierra mejor para nuestros hijos. Porque no queremos que, como en el cuento de Hesse, aunque sea una pieza literaria tan hermosa, nuestras ciudades desaparezcan porque son un logro del hombre para los hombres.

Entiendo por SOSTENIBILIDAD algo tan sencillo como el intentar hacer las cosas con LÓGICA, con SENTIDO COMÚN y con espíritu de SOBRIEDAD.

PENSAR en vez de NO PENSAR

AHORRAR en vez de DERROCHAR

ARREGLAR en vez de CAMBIARLO TODO

Y es en este contexto donde me asusta, me asombra y me sorprende el que hayan proliferado como hongos en tan corto tiempo una tan gran cantidad de "expertos en sostenibilidad" y de empresas llenas de estos "expertos". Y a mi

cabeza ha venido la canción de Los Sabandeños donde repetían machacona-
mente aquello de "es de los intermediarios en el negocio frutero", de los
"expertos en intermediación" diríamos hoy. Y a la vez me venía a la memoria
un viejo amigo mío de tiempos de la Universidad, simpático y cuentista que
además de llenar sus apellidos de DE y de LAS, remataba con un "dos
grandes expresos europeos". Y es que uno sigue teniendo una cierta preven-
ción al cuento y a los cuentistas.

Pero voy a defender aquí la sostenibilidad que proveen la LÓGICA, el
SENTIDO COMÚN y la SOBRIEDAD que puede leerse en clave de
ECONOMÍA DE MEDIOS, que es la manera mejor de ser sostenibles.
Personalmente no tengo coche, ni móvil ni tele ni vídeo ni reloj. Y vivo feliz.
Cuando voy en Metro a dar cada mañana mis clases a la Escuela de
Arquitectura de Madrid, no sólo ahorro una gran cantidad de tiempo y de
sofocos con los atascos de Madrid sino que además, me regalo un paseo
estupendo por el Parque del Oeste que es un buen preludio para mejor
enseñar arquitectura... sostenible.

Una buena Ministra de la Vivienda proponía siete puntos muy claros en
relación con lo que debe ser una CIUDAD lógica, y sostenible, y que suscribo
al cien por cien. Tan lógicos son.

COMPACIDAD, la Ciudad debe ser compacta
MEZCLA, la Ciudad debe mezclar muchos usos diferentes
TRANSPORTE público eficaz
EQUIPAMIENTOS buenos de todo tipo
VIVIENDAS asequibles
OFICINAS y FÁBRICAS adecuadas
ESPACIOS VERDES accesibles

Y yo propongo públicamente hoy aquí, como si de una UTOPÍA se tratara,
para hacer realidad el sueño que subyace en esos 7 puntos, para concretar
eficazmente esos puntos que ella propone y yo suscribo, hacer algo que sólo
se dejaría de hacer si prevaleciera aquella TERQUEDAD CONSERVADORA
de la que hablaba ¡con cuánta razón! Ortega.

1 SOCIALIZAR EL SUELO

2 CERRAR LAS FÁBRICAS DE COCHES

y 3 CONSTRUIR UNA CIUDAD NUEVA

Más de uno pensará enseguida que cosas tan imposibles de pensar como
socializar el suelo o cerrar las fábricas o levantar una utopía tienen poco que

ver con el sentido común, la lógica o la economía de medios que defiendo.
Pues trataré de convencerles.

SOCIALIZAR EL SUELO O MORIR

Ya sé que como propuesta les puede sonar escandalosa. Escribí hace poco un
artículo con este significativo título de "SOCIALIZAR EL SUELO O MORIR".
Me lo había pedido para publicarlo, una revista de enorme difusión del mundo
inmobiliario, que parece estuviera tratando de competir con el HOLA, por la
cantidad de fotos de actos sociales que publica a toda sonrisa y a todo color.
Aunque parezca mentira, fue publicado en ese medio. Como mentar la soga
en casa del ahorcado.

Porque el suelo es la clave del problema de la vivienda. ¿Cómo puede ser que
la vivienda, el bien más básico, siga siendo el principal y mayor problema de
nuestra Sociedad? ¿Cómo puede ser que la vivienda, el bien más necesario,
siga siendo la fuente principal del enriquecimiento de los ricos?

¿Dónde está el quid de esta cuestión tan peliaguda? ¿En el coste de la construcción? NO. Cualquier constructor honrado, que los hay, haciendo bien las
cosas y con buenos materiales y en los plazos precisos y con buena calidad,
pueden construir una vivienda hoy, en el año 2006, por 600 euros el metro
cuadrado. Y ganándolo bien ¿Por qué entonces debemos comprarlo por un
precio muchísimo más alto?

¿Será entonces cuestión del suelo? Pues SÍ. Es el dichoso suelo. La tierra, la
"buena tierra" de aquella hermosa novela de Pearl S. Buck se ha convertido en
el quid de la cuestión. Un suelo que no vale "nada" un día, al día siguiente, por
mor de una "declaración de suelo urbano" puede valer mil veces más. ¡MIL!
Claro que lo suele comprar por "nada" el mismo que luego consigue la declaración de "suelo urbano". Bueno, él directamente nunca. Siempre una Sociedad
donde suele estar su mujer ¡qué casualidad! Claro que no me estoy inventando
nada. Y luego lo vende, por mil veces más a los Bancos. Bueno, a los pobres a
través de los Bancos. Porque los Bancos acogen con sus hipotecas de todos
los colores a las pobres gentes que escrupulosamente pasarán el resto de sus
vidas pagando, eso sí, tacita a tacita, como nos enseñaba a todos Carmen
Maura en aquel viejo anuncio de cafés Monky.

Todo esto debe ser por aquello de que los pobres "heredarán la tierra". Yo
creo que los pobres heredarán otra cosa. Pero no la tierra. Pero no el suelo. Y
menos si es suelo "urbanizable".

Si yo les provoco con este SOCIALIZAR EL SUELO O MORIR es porque creo
que a estas alturas es la única posible solución para acabar de raíz con este
cáncer de la sociedad en la que vivimos. Pongan a trabajar su imaginación.

CERRAR LAS FÁBRICAS DE COCHES

¿Se imaginan ustedes una persona con tres o cuatro tubos digestivos?
Imagínense ustedes una persona que en vez de tomar dos platos en la
comida, tomara seis. Y como no podría resistir, pero tiene "derecho" a comer
lo que le venga en gana, se hiciera trasplantar o implantar tres o cuatro tubos
digestivos. Para poder comer más. Monstruoso. Sería más sencillo comer
menos. Lo justo.

Pues eso es lo que están, o estamos haciendo, en nuestras ciudades. Como
todos tenemos derecho a tener "nuestro coche" y más coches si se quisiere
(muchos de ustedes los tendrán: por la mujer, los niños, las niñas, la
niñera...) pues ¡hala carreteras de circunvalación! ¡hala M30s! ¡hala cinturo-
nes de velocidad! Para poder atascarnos más. Para poder atacarnos más.
Monstruoso. ¿No es algo ridículo perder cada día un par de horas metidos en
el coche? Sería más sencillo conducir menos, lo justo, y vivir mejor.

Verdaderamente estamos locos. No pensamos. Les puedo asegurar, ya se lo
he contado antes, que en Madrid se puede funcionar perfectísimamente con
los medios de transporte público. Incluso para llegar a la T4 de Barajas como
yo lo hago tantas veces.

¿Hace falta tanto coche? ¿No les parece a estas alturas que estamos
locos?
Habrá alguien que inmediatamente me hable de la libertad. De la libertad de
movimientos que da el auto-móvil, como su propio nombre indica. De la
libertad de poder fabricar lo que se quiera. Del problema que supondría los
puestos de trabajo de esas fábricas. Pues pongan a trabajar su imaginación.

CONSTRUIR LA CIUDAD NUEVA

Ya sé que la idea no es demasiado original. Pero creo que podría seguir
siendo bien eficaz. Y en vez de llamar a los arquitectos famosos para que
hagan aquí sus cositas, llamar a los más jóvenes, a los mejores, para
construir los sueños.

Después de atiborrarnos Madrid con un entorno infumable, impotable y
repugnante quieren además lavarse la cara. Claro que lo que no es la cara,
tapado y bien tapado, bien sucio que lo deben tener.

Cada vez que aterrizo o despego de Madrid, contemplo indignado el horror *in
crescendo* con el que se materializa ese crimen colectivo de ese grupo de
verdaderos terroristas que son esos capitalistas salvajes que nos comen por
los pies. Miles y miles de metros cuadrados levantados con una arquitectura
repugnante, abominable, y además vieja, antigua. Todo viviendas y nada más
que viviendas.

Y aunque mis dos primeras propuestas puedan a ustedes parecerles irrealizables, ya les he advertido de la "terquedad conservadora", déjenme por lo menos que sueñe en la posibilidad de hacer, desde las instancias oficiales, real el sueño de la utopía. Y propongo una vez más algo no muy original pero que siempre a lo largo de la Historia ha sido muy eficaz: llamar a los mejores arquitectos jóvenes para que pongan en pie las viviendas de su generación y de las por venir. Llamarles para levantar la Ciudad Nueva. Y denles todos los ingredientes para que sean sostenibles, y denles sobre todo LIBERTAD. Como si del guisante de la princesa se tratara, al menos un guisante, molesto pero capaz de hacerla recordar. De hacerle recordar a nuestra sociedad que todavía la utopía es posible. De que es posible una Ciudad Nueva para una Sociedad Nueva, más justa. Aunque tengamos que llamarla ¡todavía! UTOPÍA.

Pensaba terminar este parlamento citando a André Gide cuando recordaba que "aprendió de su padre a sólo servirse la cantidad de pan que fuera a usar en la comida y a no levantarse de la mesa sin apurar todo el vino que se había servido en el vaso" porque estas palabras reflejaban bien lo que he querido decirles.

Pero no me resisto a rematar con las expresivas palabras con las que García Márquez empieza su "Cataclismo de Damocles" que es una fuerte pero bellísima advertencia por si no somos capaces de hacer un mundo "sostenible".

"Un minuto después de la última explosión, más de la mitad de los seres humanos habrá muerto, y el polvo y el humo de los continentes en llamas derrotarán a la luz solar; y las tinieblas absolutas volverán a reinar en el mundo; un invierno de lluvias anaranjadas y huracanes helados invertirá el tiempo de los océanos y volteará el curso de los ríos, cuyos peces habrán muerto de sed en las aguas ardientes, y cuyos pájaros no encontrarán el cielo; las nieves perpetuas cubrirán el desierto del Sahara; la vista Amazonia desaparecerá de la faz del planeta destruida por el granizo, y la era del rock y de los corazones transplantados estará de regreso a su infancia glacial; los pocos seres humanos que sobrevivan al primer espanto, y los que hubieran tenido el privilegio de un refugio seguro a las tres de la tarde del lunes aciago de la catástrofe magna, sólo habrán salvado la vida para morir después por el horror de sus recuerdos".

LA CREACIÓN HABRÁ TERMINADO

O mejor todavía, para ser más positivos, con las palabras con las que el mismo García Márquez termina ese texto:

"Aquí existió la vida. En ella prevaleció el sufrimiento y predominó la injusticia. Pero también conocimos el amor y hasta fuimos capaces de imaginarnos la felicidad".

DE LAS MEDIDAS DEL HOMBRE
Sobre la precisión

En el juego de las "siete y media", de *La Venganza de Don Mendo*, una obra de teatro de Muñoz Seca, se jugaba con estas palabras para expresar la cruel exactitud del juego.

Y si para un juego banal es crucial la exactitud, qué podríamos decir para la Arquitectura. La medida es la base del juego, magnífico, de la Arquitectura. Así, la altura del plano horizontal del suelo de la casa Farnsworth respecto al terreno es exactamente 1,70 metros, que es la altura de la vista del hombre. Todo cambiaría si ese plano estuviera directamente apoyado, o casi, sobre el suelo del jardín, que es lo que hace Philip Johnson en la Glass House, con un resultado espacial muy diferente.

Y si esa medida es importante en esa casa de Mies, más lo es la distancia existente entre el plano del suelo y el del techo, que es de 2,70 metros. Algo más alta que el 2,26 ideal de Le Corbusier. La dimensión precisa para sentir esa sensación de horizontalidad, de continuidad que Mies allí plantea. La conjunción de esa presión de los dos planos entre los que el hombre se mueve, y la transparencia de los cristales con que los circunda, hacen que esa continuidad sea una realidad. Y de igual manera podríamos analizar las dimensiones en planta de 9x14 metros, del rectángulo que define la casa.

Y si cambiáramos cualquiera de las dimensiones cambiaría el espacio allí creado; claro que se trata de una caja, de una sublime caja, pero con unas medidas muy precisas y muy bien definidas. Tan definidas como las "siete y media" en el juego de cartas que describíamos al principio.

Por la misma razón, el Panteón, que ya lo hemos analizado en otras ocasiones a la luz del alud construido y medido de la luz que penetra por el divino óculo, podemos verlo en base a sus medidas. Porque si en vez de los 42,3 metros de diámetro, tanto en planta como en sección, de esa esfera celestial, por querer ser mas papistas que el Papa, duplicáramos la medida de ese diámetro, el Panteón, más que engrandecer, sería gigante y la Belleza se escaparía allí por la misma puerta por la que llegó. Y lo mismo pasaría con las dimensiones del óculo.

LA PALABRA CONJUGADA CON EL NÚMERO

Muchas veces he citado el último texto escrito por María Zambrano sobre la poesía. Es bellísimo y a la vez enormemente sugerente y preciso. En la última frase, su última frase escrita, define la poesía como "la palabra conjugada con el número". Y es que hay un paralelismo misterioso entre poesía y arquitectura. La arquitectura en definitiva no es más que la conjugación de unos materiales con el número. Levantar con esos materiales, con unas dimensiones, unas medidas, unos números precisos, unos espacios que debido a las proporciones establecidas a través de esos números, son capaces de conmover al hombre. Como le conmueve la poesía.

Hay arquitectos que saben mucho de Historia, muchísimo. Otros que lo saben todo sobre estructuras o sobre instalaciones. Otros, muy ingeniosos, capaces de diseñar una barandilla-tubo de agua caliente-desagüe-manillón-radiador. Otros que lo saben todo sobre los materiales. Pero si a cualquiera de ellos le preguntamos sobre la dimensión (más o menos exacta, o más exacta) de un espacio, casi nunca van a ser capaces de responder con seguridad, ni con certeza. No lo saben.

O sea que los arquitectos proyectan con precisión y exactitud (véase si no los acotadísimos planos repletos de números con muchos dígitos), algo que no saben. Hagan si no la prueba de preguntarle a un arquitecto por las dimensiones exactas (¡las que él decidió con enorme exactitud!) de cualquiera de sus obras construidas. Todos dudarán. O casi todos, porque siempre queda algún maniático. Y es que, no las han precisado, no lo han aprendido nunca. O no lo hemos enseñado.

En todas las Escuelas de arquitectura que en el mundo son, hay siempre un primer ejercicio (no importa como se llame la "asignatura" en la que se les pida) en que se solicita al alumno que dibuje con medidas, que las tome, su habitación, su casa, su clase. Con esa buena intención. Pero, en ninguna Escuela del mundo se les vuelve a pedir después nada parecido.

Conozco a un profesor de Proyectos que tenía la manía de, en algún momento del curso, poner el ejercicio de diseñar un cuarto de baño, con la sana intención de que los alumnos tomaran contacto y conciencia de la realidad de las medidas, que proyectaran algo con conocimiento preciso de la dimensión. Siempre aparecían lavabos imposibles, tazas de retretes como bañeras, bañeras como ceniceros, etc.

La ordenación de las partes, de los elementos que componen el espacio arquitectónico, acaba siempre en una cuestión de número, de medidas. Y como en la poesía, para alcanzar el mundo de los sueños al que nos lleva, es necesario el control preciso de sus elementos. Bien dice Italo Calvino que "la poesía es la gran enemiga del azar". Pues en la arquitectura pasa lo mismo. Acertar en la medida es la mejor manera de alcanzar el mundo de los sueños.

MEDIDA. DIMENSIONES. TAMAÑO. DISTANCIA

Sabidas las medidas generales hay que plantear la estrategia de la proporción. Del tamaño de las diversas partes que van a componer el organismo arquitectónico. Hay que proporcionar los ingredientes, como si de una receta de cocina se tratara. Hay que saber cuántos comensales van a degustar el plato, y cuál es el plato que se quiere hacer. No es igual cocinar para dos personas que para doce. No es igual cocinar unas patatas con carne, que una carne con patatas. Aunque las personas, las patatas y la carne aparezcan en todos ellos.

La única medida fija es el hombre. Con sus propias medidas físicas: las dimensiones de su cuerpo y el área de influencia de sus movimientos.

Y así como el conocimiento de las medidas es inmediato (basta con medir), el conocimiento de la proporción y sus efectos es algo más complejo. Necesita del estudio y de la experiencia.

Un espacio de 2,20 metros de altura puede ser agobiante o no, dependiendo de sus dimensiones en planta a lo ancho y largo. No agobia si se trata de un cuarto de baño de 2x2 metros en planta. Puede resultar aplastante, incluso claustrofóbico, en un gran aparcamiento de 20x20 metros. Siempre con el hombre como centro.

En la proporción de los espacios intervienen las tres direcciones del espacio. Parecería de perogrullo escribir ésto, si no fuera porque tantas veces vemos espacios concebidos como planos, en sólo dos dimensiones, con resultados claramente desastrosos.

Si la dimensión en altura es mayor que cualquiera de las dos dimensiones en planta, el espacio siempre será vertical. Más vertical cuanto mayor sea esta diferencia. Así ocurre en las catedrales góticas.

PROPORCIÓN

La decisión de unas medidas u otras, dependerá del "qué" y del "para qué". Dependerán de la función, de la construcción, del contexto, de la luz y de la economía.

Plantear unas medidas a priori sin tener más datos, no tiene sentido. Es imposible hacer un cuarto de baño completo en 1 metro cuadrado, por ejemplo. A duras penas cabe un retrete y un lavamanos. Salvo que sea en un tren o en un avión.

Empeñarse en que una vivienda con tres dormitorios hay que encajarla en 60 metros cuadrados es casi imposible. Máxime si se obliga a unas ordenanza ridículas que producen caricaturas de la vivienda. Se construyen entonces como casas de muñecas. Y malas casas de muñecas. En estos casos se piensa que basta con la "proporción" entre las dimensiones. Y se llega a las ridículas reducciones homotéticas de modelos que, con otras dimensiones, funcionan perfectamente. Cuando un tenedor empieza a reducirse, a reducirse, es preferible un palillo de dientes. Parecería que estas leyes, muy extendidas, han sido dictadas por y para jíbaros. El hombre, el cuerpo humano sólo se reduce de tamaño en el ataúd. Y aún así.

FORMA

Con las mismas dimensiones y proporciones, podemos llegar a formas diferentes, con resultados espaciales diferentes.
Si planteamos un volumen de 27 metros cúbicos de 3x3x3 metros, será muy diferente resolverlo espacialmente con la forma cúbica, la cilíndrica o la esférica.

En una forma cúbica, con distancias suficientes para que el hombre se mueva en ella, para ser atrapadas por él (3mx3mx3m son medidas fáciles de imaginar), las referencias son claras e inmediatas. Un delante-detrás, un derecha-izquierda y un arriba-abajo son comprensibles de manera inmediata y hacen relación a la constitución física del hombre en su captación fisico-óptica del espacio.

Si pasamos a la forma cilíndrica (3 m de diámetro y 3 m de altura), seguiremos comprendiendo el arriba-abajo pero, el adelante-atras-derecha-izquierda quedan fundidos en un *continuum* que el círculo provoca una captación óptico-física del hombre diferente a la anterior.

Y si pasamos ya al espacio esférico, serían las tres posibilidades arriba-abajo-adelante-atras-derecha-izquierda las que quedarían fundidas. Pero como existe la gravedad, no puede ser completa la felicidad del razonamiento progresivo que se pretendía. Y esto nos lleva a la consideración de que este factor, la gravedad, es clave enormemente importante en la Arquitectura, ¡y vaya si es importante!.

Y es que en relación a estas cuestiones de medida, la gravedad está siempre en el centro de la cuantificación y cualificación de esas medidas. Como lo está el hombre mismo.

FINAL

He escrito repetidas veces que la Gravedad no es sólo una cuestión de transmisión de las cargas a la tierra sino, principalmente, la estructura trata del establecimiento del orden del espacio. Para ello, las estructuras, lejos de ser caprichosas y hechas "a sentimiento", requieren de un cálculo preciso, de unas medidas exactas. Pues en esa misma línea se quiere defender en este texto la necesidad de la precisión, de la exactitud, del control de las medidas, la proporción y la escala, en la puesta en pie material de la Arquitectura. La medida, la medida precisa, es la base de este juego magnífico que es la Arquitectura.

LA ESTRUCTURA DE LA ESTRUCTURA
Sobre la estructura que establece el orden del espacio

La Gravedad es uno de los temas centrales de la Arquitectura. La g, el 9,8 que estudiara Isaac Newton con tanto ahínco, esa fuerza imposible de evitar, es una de las cuestiones clave de la Arquitectura.

He repetido muchas veces, por escrito y de viva voz, que la GRAVEDAD y la LUZ son, con la IDEA generadora, temas centrales de la Arquitectura. La IDEA cuya materialización nos da la ARQUITECTURA, la GRAVEDAD que construye el ESPACIO y la LUZ que construye el TIEMPO.

Cuando digo que la GRAVEDAD construye el ESPACIO, estoy hablando de la ESTRUCTURA, de la llamada estructura portante. De la estructura que a lo largo de la Historia ha generado el ESPACIO arquitectónico. Casi siempre la forma de la arquitectura ha ido, lógicamente, ligada a la estructura portante. Es más, estructura y forma y espacio, han sido siempre la misma cosa.

Y de la misma manera que la mayor parte de los edificios que constituyen la Historia de la Arquitectura antigua se levantan con muros portantes donde es indesligable el portar, el soportar del formar, del conformar (el mismo material que soportaba conformaba), en la Arquitectura moderna, por mor del acero capaz de concentrar las cargas, las estructuras puntuales, los esqueletos, son también claramente la base y raíz del espacio: conforman ya el espacio, lo anuncian, lo "estructuran".

Y así no me canso de repetir que la ESTRUCTURA, la estructura portante, más que sólo transmitir las cargas del edificio a la tierra por causa de la ineludible gravedad, lo que verdaderamente transmite es el orden del espacio, ESTABLECE EL ORDEN DEL ESPACIO, construye el espacio. La estructura no sólo SOPORTA, no sólo AGUANTA, sino que bien resuelta, afinada, está esperando el ser atravesada por la LUZ y por el AIRE para, como un buen instrumento musical SONAR, y sonar bien.

Y así será falsa la libertad del arquitecto que, olvidado de la estructura, concite sólo formas a las que, una vez definidas, añadiera o mandara añadir una estructura capaz de soportarlas.

LA ESTRUCTURA ESTABLECE EL ORDEN DEL ESPACIO

Cuando yo era estudiante de Arquitectura, confundíamos las Estructuras con el sólo cálculo de dichas Estructuras. Y así quizás no llegábamos a comprender su papel central en la Arquitectura, pues no supimos entender bien, o no se nos explicó bien el que aquellas estructuras no sólo transmitían las cargas sino que además, lo más importante, establecían el orden del espacio.

Y este orden del espacio está desde el primer momento en la génesis de cualquier proyecto. Como el esqueleto en el cuerpo humano. Recuerdo cómo Alejandro de la Sota, el maestro, nos explicaba esto en aquellas clases iniciáticas: "¿Se imaginan ustedes que cuando nace un niño su madre exclamara ¡se han olvidado el esqueleto! Y hubiera que abrir en canal a la criatura para introducirle el óseo esqueleto?". Pues con aquellos clarísimos ejemplos Sota trataba de convencernos de cómo tanto la Estructura como las Instalaciones, tenían que estar desde el principio en la Idea del Proyecto. Lo que llamábamos unidad del hecho proyectual. La estructura, la estructura portante era por tanto no sólo la transmisora de las cargas de la Gravedad sino, sobre todo, generadora del orden de la Arquitectura.

Y así, cuando se genera la Idea cuya necesaria materialización nos dará la Arquitectura, la estructura portante, el cómo aquello va a sostenerse, debe estar claro desde el primer momento.

LA ESTRUCTURA DE LA ESTRUCTURA

Si para soportar el nuevo edificio es necesaria la Estructura, me gustaría proponer aquí cómo para soportar la Arquitectura, es necesaria, imprescindible, la Estructura de la Estructura.

Para soportar la Construcción es necesaria la Estructura.
Para soportar la Arquitectura es necesaria la Estructura de la Estructura.

El establecimiento del orden del Espacio es algo más que el sólo portar, soportar las cargas de la Gravedad. Es poner en orden todo aquello.

A mis alumnos, para que lo entiendan bien, les digo que si Hally Berry está bien, está muy bien, es porque tiene un muy buen esqueleto. Tiene muy bien establecido el orden de su espacio corporal.

DE LA CUEVA Y LA CABAÑA

Cuando al principio de la Historia de la Humanidad y de la Arquitectura, Adán expulsado del Paraíso necesitó buscar refugio para él y para Eva, tuvo dos posibilidades: refugiarse en la cueva con los animales o, más tarde, crear con sus propias manos una cabaña. La primera le anclaba a un lugar. La segunda le permitía mayor movilidad y, por lo tanto, una mayor libertad. Gotfried Semper llamó Estereotómica a aquella arquitectura de la Cueva y Tectónica a la de la Cabaña. Y luego Kenneth Frampton siguió desarrollando esas claras teorías que, a mí me llegan de la mano de Jesús Aparicio cuando estudiaba con Frampton en Columbia.

Adán encontraría pronto la CUEVA donde protegerse de las inclemencias del tiempo, del frío y de la lluvia y de la nieve, y también de los ataques de los animales salvajes. Allí allanaría el "suelo" para conseguir ese "plano horizontal básico" donde poder reposar y dormir. Luego fabricaría algo parecido a una "puerta" para poder cerrar aquel refugio. Podemos imaginar que en un principio, aquella puerta sería una gran piedra que se rodaba como algunos relatos bíblicos nos cuentan al hablar de los enterramientos.

Más tarde el hombre construiría esa puerta móvil con las maderas de los árboles. Y lo mismo para su "asiento". Primero quizás en la piedra y después con la madera. Y luego, el fuego con el que poder calentarse y hacer comestibles aquellos animales que cazaba o aquellos frutos y hortalizas que descubría. Y después, la "mesa", un plano a la altura precisa para poder desarrollar otras funciones diversas.

Y así podríamos seguir nosotros recolectando palabras básicas, clave como son: suelo, puerta, asiento, mesa, cama, fuego, techo, que hacen relación a la casa, al vivir en aquella cueva, en aquella "arquitectura ESTEREOTÓMICA". Y seguro que dentro de la cueva excavaría huecos para conformar espacios vivibles. El arquitecto empezaba a emerger. ¿Y la estructura?. La estructura venía dada. Todo trabajaba a compresión en un organismo pétreo contínuo. La conquista del espacio arquitectónico, ESTEREOTÓMICO, era el excavar, el SUSTRAER. Y otro día un rayo de sol se filtraría por una grieta y la LUZ, sólida y radiante haría acto de presencia. Y nuestro hombre primitivo, agrandaría la grieta para tener más LUZ y crearía la ventana, capaz también de hacer posible la visión controlada del exterior.

Tras estos primeros pasos, y cuando el tiempo fuera benigno, nuestro hombre permanecería gran parte de su tiempo al aire libre. Y podemos con nuestra imaginación pensar en que por su cabeza le pasara la idea de cambiar de sitio, como lo hacían los animales voladores. Y a nuestra mente acude de inmediato la imagen de la CABAÑA.

Y podemos imaginar aquella primera construcción primitiva realizada con troncos y con ramas trabadas con un elemental sistema que ahora llamamos de nudos y articulaciones. Y lo imaginamos antes cónico que cúbico. Y antes cubierto de ramas que de tablones. Como lo imaginó y lo dibujó antes que nosotros el Abate Laugier con unas certeras reflexiones sobre el tema que nos ocupa. Una CABAÑA ¡ay el ser humano! bien cercana en lo más esencial a las de nuestro buen amigo Glenn Murcutt.

Arquitecturas estructuralmente diversas: contínua, trabajando básicamente a compresión, la arquitectura ESTEREOTÓMICA de la CUEVA, y discontínua, articulada, trabajando a flexión, la arquitectura TECTÓNICA de la CABAÑA. Dos modelos de orden estructural que luego darán lugar a fuertes derivaciones espaciales.

El espacio estereotómico buscará el abrirse y utilizará la SUSTRACCIÓN
como mecanismo del mismo modo que el espacio tectónico buscará el
cerrarse y utilizará como mecanismo la ADICIÓN.

Nos ceñiremos en este texto a esta primera aproximación desde sólo la
estructura a estos sustanciosos conceptos de lo estereotómico y lo
tectónico. Prometemos volver sobre el tema.

ESPACIOS COLUMNADOS Y ESPACIOS DESCOLUMNADOS

Como en la música hay instrumentos de cuerda e instrumentos de viento, así
en la Arquitectura hay espacios columnados y espacios descolumnados, sin
columnar.

Por mor de la resistencia de los materiales y de las dimensiones, han sido
necesarias las columnas para cubrir espacios de dimensiones mayores. Los
sistemas hipóstilos no son más que el mecanismo más lógico para conseguir
espacios cubiertos contínuos de grandes dimensiones en planta. Y cuando se
ha necesitado llevar la luz a esos espacios, se ha perforado el plano superior.
Y cuando la luz ha tocado esa estructura, el efecto ha sido maravilloso. Como
cuando las cuerdas de una guitarra son templadas por la mano del hombre.
Nace la música. Pues así el espacio columnado. Bien columnado y bien
templado por la luz puede llegar a conmovernos, y no sólo resolver los
problemas funcionales. La mezquita de Córdoba es un ejemplo paradigmático
de este tipo de espacios, incluyendo las irregularidades de su trama. O la
perfecta sala de columnas del Palacio de Persépolis. O en la Arquitectura
contemporánea el Pabellón de Barcelona de Mies van der Rohe donde las
columnas, sobre una perfecta trama geométrica equidistante, hipóstila, y con
una sección, cruciforme, y un material, como brillante, conjugan una solución
perfecta. Mies sabe tan bien de la eficacia del sistema hipóstilo que incluso
en el proyecto más LIBRE jamás por él concebido, el Glasskycraper de 1926,
incluye una estructura equidistante para soportar sus ondulantes formas.

De los espacios descolumnados podríamos hablar largamente. Basten el
Panteón de Roma o el IIT de Mies como ejemplos de espacios diáfanos, sin
columnas, que proclaman la belleza de la arquitectura despojada, sólo
tensada por la luz, música sublime a través de instrumentos de viento.

COLUMNAS FUERA, COLUMNAS DENTRO, COLUMNAS ENTRE

Y esto, que podría parecer obvio, es de enorme interés. Si la estructura va por
fuera, si la estructura va por dentro y vista, o si la estructura está en el límite,
en el borde.

Mies trabaja en la Farnsworth House con la estructura por fuera. En el
Pabellón de Barcelona con la estructura por dentro, vista. Y es tal su interés
en que desaparezcan las columnas, en aligerar el espacio, que las hace cruci-
formes y las acaba en cromo brillante para que por obra y gracia del efecto
espejo, desaparezcan. Hace con la luz lo que los griegos hacían con la
sombra, al acanalar la superficie de las columnas dóricas. Y en muchas otras
obras con la estructura en el límite.

Yo hice la Casa De Blas en Madrid con la estructura en el límite, con la piel
de vidrio toda dentro, e igualmente la Casa Rufo en Toledo. En la Casa Olnick
Spanu en Nueva York y en el Centro Bit de Mallorca con la estructura por
dentro remetida y con el pequeño guiño de poner el vidrio detrás y delante de
la estructura, según conviniera, para acentuar aún más la transparencia. Y en
la Casa Moliner de Zaragoza vidrio y estructura forman un mismo plano
límite.

No es baladí esta cuestión de la situación de la estructura, ni de la materialidad de las columnas, en orden a afinar el tipo de espacio por el arquitecto.

LA MEMORIA DE LA HISTORIA

Y me voy a atrever a más. De la misma manera en que la Gravedad hace que
no podamos olvidar que la materia transmite sus cargas a la tierra, la
Memoria hace que no podamos olvidar que la Arquitectura está indesligable-
mente unida a la Historia.

Y de la misma manera que hablo de esa Estructura de la Estructura, imprescindible para poder controlar bien el espacio, querría ver en la Memoria de la
Historia esa ligazón imprescindible con la Historia de la Arquitectura cuando
los arquitectos estamos concibiendo la "nueva arquitectura". La conexión con
la Historia, como la conexión con la Gravedad, no sólo no es una rémora
sino, muy al contrario, una garantía de continuidad. Para dar el salto en el
vacío con cabeza. Que no puede, nunca jamás, dejar de ser la arquitectura
una creación racional, una creación del hombre.

LIGHT IS MUCH MORE
Sobre la luz

Cuando un arquitecto descubre que la luz es el tema central de la
Arquitectura, es cuando empieza a ser un verdadero arquitecto. Cada día
que pasa estoy más convencido de ésto que escribí y publiqué hace ya
tantos años. Y aquel *light is more* que quería emular al *less is more* de Mies
van der Rohe me atrevo hoy a cambiarlo por este *light is much more*.

MATERIAL LUJOSO

La luz es el material más hermoso, el más rico y el más lujoso utilizado por
los arquitectos. El único problema es que se nos da gratuítamente, que está
al alcance de todos y que entonces no se valora suficientemente.

Los arquitectos antiguos usaban los mármoles y los bronces, y los arquitectos más modernos usan el acero y los plásticos especiales y los vidrios.
Todos intentando hacer arquitecturas capaces de permanecer en la
memoria de los hombres, de permanecer en el tiempo. Y sólo los arquitectos que han merecido la pena, los maestros, han entendido que la luz, precisamente la luz, es el principal material con el que la arquitectura es
capaz de vencer al tiempo. Así lo entendieron tanto Adriano cuando construyera el Panteón como Antemio de Tralles o Isidoro de Mileto cuando
levantaron Santa Sofía, o Mies van der Rohe cuando puso en pie la
Farnsworth House.

EMOCIÓN

Y para hacer presente la luz, para hacerla sólida, es necesaria la sombra. La
adecuada combinación de luz y sombra suele despertar en la arquitectura la
capacidad de conmovernos en lo más profundo, suele arrancarnos las
lágrimas y convocar a la belleza y al silencio.

Cuando a lo largo de estos últimos años muchos de mis alumnos han
visitado el Panteón de Roma, puntualmente me han escrito una postal
diciéndome: "he llorado". Los que no "han llorado" no me han escrito. Así
lo hablamos en clase y ellos cumplen el pacto.

Cuando los empleados de la Caja de Granada entraron a trabajar por
primera vez en mi edificio en Granada, algunos se conmovieron profundamente y se les saltaron las lágrimas. No dejo de ir a verles cada vez que
vuelvo allí.

Y cuando la Reina de España entró en el edificio con motivo de la entrega
de unos premios, tuvo la generosidad de deshacerse en elogios sobre la
hermosura de la luz que allí había. Y la prensa lo recogió puntualmente.

Entendió perfectamente que la luz es el tema central de cualquier
Arquitectura.

CANTIDAD DE LA LUZ

Muchas veces he comparado en mis clases la luz con la sal. Cuando la luz
se dosifica con precisión, como la sal, la arquitectura alcanza su mejor
punto. Más luz de la cuenta deshace, disuelve la tensión de la arquitectura. Y menos la deja sosa, muda. Al igual que la falta de sal en la cocina
deja a los alimentos insípidos y el exceso de sal los arruina. En general no
es fácil para los arquitectos el uso justo de la sal de la Arquitectura, de la
luz.

CUALIDAD DE LA LUZ

Y si la cantidad de luz empleada es importante, no lo es menos la calidad.
Así nos lo ha enseñado siempre la Historia.

Cuando la Arquitectura levantada con muros excavaba sus huecos para
permitir la entrada a la luz, los arquitectos sabían como dominar aquella luz
sólida que perforaba las sombras.

Cuando la Arquitectura con el acero y el vidrio cambia el concepto de
dominio de la luz sólida por el de transparencia, se produce una profunda
revolución. Y los arquitectos deben aprender entonces a velar esa luz que
todo lo inunda.

En el Panteón de Roma, la sabiduría del arquitecto le lleva a enmarcar la
máxima cantidad de luz con la máxima cantidad de sombra. Y así el óculo
luminoso se cerca con la más profunda sombra que hace más luminosa aún si
cabe aquella luz divina venida de lo alto.

En Santa Sofía de Estambul, los brillantes arquitectos abren una corona de
altas ventanas por donde no sólo entra la luz directa, arrojada, sino también
la indirecta, reflejada en sus profundas jambas blancas de una manera tal
que parece un milagro el ver cruzarse los rayos de luz en el aire.

En la Farnsworth House, el arquitecto con la misma sabiduría que sus ante-
cesores, pero que ya sabe del acero y del vidrio, decide proponernos la
transparencia absoluta. Y allí la luz suspendida en el aire nos evoca "el
soplo del aire suave" con el que el profeta describe la presencia de la
divinidad.

FINAL

Se podrían escribir miles de libros sobre la luz. Pero en estas breves palabras
de introducción yo no quiero más que, una vez más, reivindicar este valor de
la luz como material primero y principal con el que trabajamos los arquitectos. Y que se nos concede gratuitamente cada día. Para permanecer en la
memoria y en el corazón de la gente. Para hacerles felices con la
Arquitectura.

SHARPENING THE SCALPEL
Sobres los dibujos del arquitecto

Se me propone hacer un libro con los diseños, con los dibujos "a línea",
precisos, de los proyectos de mis casas. En una primera lectura a alguien le
podría parecer fútil este ejercicio. Entiendo que, lejos de ser un ejercicio
meramente formal, se trata de hacer un ejercicio de ANÁLISIS con el
máximo grado de precisión. Como si se tratara de una DISECCIÓN
ANATÓMICA con BISTURÍ. Hacer este ANÁLISIS a través de un dibujo muy
preciso habiendo pasado un largo tiempo desde la concepción y construcción
de estas casas, se manifiesta como un tema de enorme interés.

Recuerdo que siendo todavía niño, a mi padre, cirujano maravilloso que va a
cumplir ahora sus 100 años con cabeza y cuerpo y humor perfectos, que tras
recibir como regalo de un enfermo agradecido un cordero completo, decidió
reunir a sus cuatro hijos en la cocina, y darnos una lección de anatomía en
vivo y en directo. Como si del cuadro del mismísimo Rembrandt se tratara,
acompañando su acción con una preciosa y clara explicación, fue cortando
con un afilado bisturí las partes correspondientes de la res con la precisión
con la que sólo un buen cirujano puede hacerlo. Nunca lo olvidaré.

Y ahora vuelve a mi cabeza aquella imagen, cuando se me pide hacer una
DISECCIÓN ANATÓMICA de mi propia arquitectura, de mis casas. Se diría
que es como meter el bisturí, aquí el AUTOCAD, en el sitio preciso para
hacer una disección y entender con claridad pedagógica lo que allí sucede.
Cuán lejos queda ya aquel ROTRING 0,1 que hacía por entonces las veces de
fino bisturí.

Mi interés como arquitecto no es tanto hacer casas preciosas para satisfacer
las necesidades específicas de un cliente especial en un lugar singular,
cuanto el poner en pie IDEAS universales sobre el HABITAR, sobre el
espacio más universal que es la CASA. Por eso me seguirá siempre intere-
sando el hacer casas.

He decidido agrupar las casas según su tipología. Se presentan aquí estas
casas, ordenadas en tres tipos principales con los que he trabajado eficazmente a lo largo de estos años. La casa cubo, la casa cerrada entre muros y
la casa sobre el podio. O hablando con más propiedad, el "cubo", el *hortus
conclusus* y el "belvedere".

En las casas CUBO propongo un espacio principal diagonal, resultante de la
conexión de dos espacios a doble altura desplazados y conectados por el
centro y tensados por la luz cenital diagonal. El mecanismo espacial es el
mismo que usa la casa pompeyana y que es de una gran eficacia y belleza. El
espacio resultante, diagonal, es de una espacialidad asombrosa, capaz de
conmovernos. A este grupo pertenecen la Casa Turégano en Pozuelo-Madrid,
en la que se hace de una manera radical, y las casas de Argelia y la Casa
Asencio en Chiclana-Cádiz.

En los HORTUS CONCLUSUS se propone un espacio central arropado por dos patios, uno delante y otro detrás, a los que ese espacio se abre con la máxima privacidad. Son espacios INTRAMUROS. El mecanismo espacial es el mismo que usa la casa andaluza en el campo. Se crea una secuencia de abierto-cerrado-abierto de gran eficacia. El espacio resultante es horizontal apoyado sobre el plano horizontal del suelo de piedra, contínuo dentro y fuera. Los espacios servidores se desarrollan en ambos costados abriéndose a los patios. Estas casa están siempre en terrenos planos. A este grupo pertenecen la Casa Gaspar y la Casa Guerrero ambas en Vejer-Cádiz.

En las casas podio, los BELVEDERE, las casas transparentes sobre el podio cerrado, se traduce el tipo de la CABAÑA sobre la CUEVA. Se materializa en ellas la doctrina de Semper a través de Frampton, de la arquitectura TECTÓNICA, la caja de cristal ligera, sobre el podio ESTEREOTÓMICO, la pieza sólida pesante. Estas casas siempre están en puntos altos con visión de horizonte lejano. A este grupo pertenecen la Casa de Blas en Madrid, la Casa Olnick Spanu en Garrison-Nueva York y la Casa Rufo en Toledo.

La casa Moliner de Zaragoza abre un nuevo tipo, un cuarto tipo de casa de dormir-morir en lo más hondo, estar-vivir en el plano de tierra más transparente y soñar-estudiar en lo más alto.

El dibujo a línea, más abstraído que sólo el dibujo real, no sólo tiene la capacidad de facilitar la transmisión de la IDEA central sino también de aclarar de una sola vez todo lo que nos proponemos transmitir. Plantas, secciones y axonometrías limpias y precisas, despojadas de todo detalle, ayudan a entender perfectamente cada propuesta.

Este dibujo preciso, repito, es como meter el bisturí para diseccionar anatómicamente cada proyecto. Y que ahora hacemos con AUTOCAD con una precisión inusitada. Es sorprendente usar ahora este instrumento sobre proyectos que fueron dibujados en su día con aquellos Rotring 0,1 antes mencionados, pensando entonces, no hace tanto, que eran de una precisión insuperable.

Y vuelve a nuestra cabeza y a nuestro corazón la convicción profunda de cuáles son los temas centrales de la creación arquitectónica: no tanto las formas pasajeras, cuanto las formas profundas que traducen IDEAS capaces de resistir al tiempo, capaces de permanecer.

Se acompañan estos dibujos a línea fina con los primeros croquis con los que se generaron estos proyectos. El contraste entre ambos tipos de dibujo ayudará a una mejor comprensión del completo hecho proyectual. Lo que unos dibujos tienen de mayor tensión se compensa con la mayor precisión de los otros.

Finalmente, las fotografías, pocas y quasi íconos de estas obras, traslucen no sólo la maestría de fotógrafos como Hisao Suzuki o Fernando Alda, sino que completan adecuadamente la comprensión de estas arquitecturas.

En los breves textos que acompañan a cada casa, como en este mismo texto, se ha tratado de explicar lo que ni en los dibujos ni en las fotos puede ser traducido, y que como profesor, además de arquitecto, me gustaría poder trasladar.

CUANDO EL PLANO SE CONVIERTE EN LÍNEA
Sobre algunos mecanismos de la Arquitectura

MIES, EL VIEJO MAGO

Y es que el viejo Mies además de su obsesión por la insoportable levedad,
era de una insondable profundidad. Lo quería todo, lo sabía todo y en la Casa
Farnsworth, que más que una casa es una proclama, lo consiguió casi todo.

Por mor del acero crea un plano horizontal de suelo ligerísimo que parece
flotar. Tan delgado aparece que, más que balsa flotante como tantas veces se
ha dicho y con razón, a mí me gustaría definir como de alfombra voladora. Tan
delgado parece el techo y tan delicados parecen los 16 pilares que lo
sustentan.

Y tan ligero es el suelo como el techo que, al estar pintado de blanco todavía
se hace más etéreo. Al pintar todo de blanco, da una vuelta más a la tuerca
en esa su divina obsesión por la levedad.

Y luego, el vidrio usado en las máximas dimensiones que la industria permitía
en aquel momento. Siempre al límite. Con la transparencia total como meta.

Y la casa está dispuesta en tal manera, con tal sabiduría, que sólo hay una
puerta doble que, al estar colocada en el centro del testero que queda
remetido bajo el porche, llega a pasar casi inadvertida. Y mira que es difícil
hacer desaparecer una carpintería practicable en una caja de vidrio. Bien lo
sabemos los arquitectos que construímos cuando materializamos nuestras
ideas.

Pero, y esto es bien sabido pero menos conocido, una de las cuestiones
centrales de la Casa Farnsworth, por no decir que la cuestión principal, es la
colocación del PLANO HORIZONTAL de su suelo a la altura de los ojos del
espectador. Está a una altura tal que el plano horizontal se convierte para el
espectador en una LÍNEA.

¿Qué más se puede pedir?. ¿Qué más puede querer quien busca la máxima
transparencia y la absoluta ligereza en la Arquitectura?, Mies van der Rohe
bien que lo consiguió. Y su lección magistral todavía no ha acabado de ser
bien aprendida.

DE SEMPER A FRAMPTON

Cuando Gotfried Semper hacía esa distinción clara y distinta, quasi cartesiana, entre lo *tectónico* y lo *estereotómico* en la Arquitectura, y tras la todavía
más clarificadora lectura que Kenneth Frampton hace de estas cuestiones, a
mí no me cabe más que entender que la línea divisoria entre esos dos
mundos es la línea del horizonte.

Euritmia, proporción, dirección. Medidas, proporciones, escala.

La definición del PLANO HORIZONTAL principal como cuestión central en
todo organismo arquitectónico, no es sólo una cuestión de su posición respecto
a la vertical. No es menos importante la definición de su forma y sus medidas.
Que no en vano la Arquitectura es una cuestión de forma y de medidas.

Jamás imaginaríamos una Casa Farnsworth con doble altura, ni tampoco
siendo el doble de grande como en una inicua homotecia.

El hombre con sus medidas y su percepción de la Gravedad y con su visión,
es el centro del espacio arquitectónico.

Las medidas, las proporciones, la escala de ese plano horizontal son cuestiones tan importantes como la primera, en la consecución de un espacio capaz
de conmover a los hombres.

MATERIALIDAD Y MATERIALES

Y, ¡cómo no!, los materiales. Y es que aunque la Arquitectura parezca tan
sublime, y a veces lo sea, es siempre ineludiblemente material.

La decisión de un material, el travertino en la Casa Farnsworth, con capacidad
de funcionar dentro y fuera para traducir bien la continuidad de ese plano horizontal, es una decisión tambien importante. Como lo es el que todas las piezas
sean iguales, rectangulares, como subrayando todavía un grado más la
dirección de esta casa. Con las mismas medidas dentro y fuera. Con la misma
horizontalidad dentro y fuera. Esa CONTINUIDAD casi perfecta que nos
propone Mies que a través de ese fuerte plano horizontal del suelo de piedra,
hace que, todavía más si cabe, la transparencia de los vidrios parezca mayor.

EN EL PRINCIPIO

El punto de partida de la Arquitectura, ya lo he escrito más de una vez, es el
PLANO HORIZONTAL. Como el HORIZONTE separa o une la tierra con el
cielo, así parece que el hombre cuando establece (table, mesa) su plano horizontal con la Arquitectura está estableciendo el lugar en que, levantándose
sobre la tierra, es capaz de tocar el cielo con sus manos. Y así se refugia en
la cueva para descansar, para dormir, y sube a la cabaña para vivir, para
soñar más cerca del cielo y de las estrellas.

Una Arquitectura puesta siempre al servicio del hombre que vive, que piensa,
que sueña.

TEMPUS FUGIT
Sobre los instrumentos de dibujo

Yo dibujé con TIRALÍNEAS. Y ¿qué es un tiralíneas?, se preguntarán ustedes. Pues es como una pluma metálica muy elemental para tras cargarla con tinta china negra, trazar líneas perfectamente rectas sobre el papel, ayudados de escuadra y cartabón. Y para trazar las curvas el compás y la bigotera. Nombres e instrumentos del siglo pasado, o todavía mejor, del pasado milenio.

Yo dibujé con GRAPHOS. Y ¿qué es un Graphos?, se volverán a preguntar ustedes. Pues era en teoría un artilugio que mejoraba con germánico estilo al imperfecto tiralíneas. En teoría era capaz de trazar laslíneas más perfectas (yo he de confesarles que con ambos instrumentos siempre me ponía perdido de tinta).

Yo dibujé, y quizás ustedes todavía también, con los ROTRING. Parecía que aquello era ya insuperable. Aunque yo me seguía poniendo perdido de tinta. Y todos teníamos sospechosas marcas en las muñecas donde probábamos el primer toque de aquella divina pluma, tan teutónica como el Graphos.

Y tanto el Rotring como el Graphos como el tiralíneas, se deslizaban susurrantes por el papel vegetal que, además de translúcido y caro, era de difícil manejo y acababa siempre quebrándose por donde menos debía. Luego, realizada la faena de aliño, se procedía a hacer las copias en diabólicas máquinas enormes que olían a rayos. Bueno, a amoníaco que es lo mismo.

Todavía conservo colecciones ordenadas de rollos etiquetados con los originales de los proyectos de ejecución. Aquellos rollos de papel vegetal habrán cristalizado y se romperán cuando alguien los abra. Por eso no los abro.

Y en las mismas cajitas de madera donde reposan los tiralíneas y los Graphos y los Rotring, reposan los tinteros secos, y las gomas Pelikán de dos colores y las cuchillas de afeitar algo melladas. ¿Antigüedades? Antiguallas que de tan cercanas en el tiempo, nos asombra el pensar que ya han desaparecido.

Luego vino un tiempo largo, calmo y difuso al menos en mi memoria, no sé en la de ustedes. El grueso ordenador que irrumpió en nuestras vidas gris y gordito, es ahora, delgado y portátil, el invasor, el vencedor de la batalla de la comunicación. Eso que llamamos infografía o con más precisión, ARQUIGRAFÍA. Todavía no me lo creo.

He titulado este texto TEMPUS FUGIT, como el que fuimos hoy, que pasa tan veloz, y lo que somos mañana porque el mañana ya está aquí. Y es que el tiempo vuela, "TEMPUS FUGIT", dice el precepto latino.

Y ahora, en los albores de este tercer milenio, ya está el ordenador dominando todo sin discusión posible. ¿Cómo podría alguien decir lo contrario? Yo no tengo coche, ni televisión, ni móvil, ni reloj. Pero no puedo aunque bien quisiera, no tener ordenador, y página web y *flickr*. Y cuando intento dejar todo cerrado un par de días, la vuelta es peor. Es tal la avalancha que más vale claudicar y cumplir con el ordenador todos los días. Como un buen marido.

YA NO HAY LIBROS

Hay, se editan muchísimos más libros que nunca pero la gente lee poco, muy poco. Los Taschen y Phaidon nos inundan de imágenes brillantes quasi pornográficas, y sólo unos pocos nos refugiamos en los libros de poesía en los que ¡todavía! dejamos caer nuestras lágrimas de cocodrilo.

Yo les puedo asegurar que en estos días estoy disfrutando como nunca con la relectura de la Odisea de Homero en una magnífica traducción del año 51 de Luis Segalá. Y como Ulises he desgajado con mano fornida una rama frondosa para cubrir mis partes verendas cuando he oído los cantos de Náusica y sus esclavas que tras despojarse de sus velos y jugando a la pelota, me han descubierto dormido en la densa selva las hermosas hijas de Zeus. Más de una vez mis lágrimas han mojado las páginas de esta sencilla edición, buena, bonita y barata y más que recomendable. Editada en Austral de Espasa Calpe. Y también es estupenda la versión de García Calvo. Son como tesoros, como un regalo.

Y mientras tanto los niños desparraman el oro de su tiempo frente a la pantalla, la pantalla del ordenador. Esta mañana he entrado en una tienda de la calle Barquillo. Mientras el dependiente atendía a otros clientes, su hijo, un pequeño de 8 años, atacaba con furor las teclas del ordenador cuya pantalla atraía toda su atención. Sólo cuando yo he intentado tomar una foto para ilustrar esta charla el niño, astuto, ha parado.

YA NO HAY PERIÓDICOS. Aunque la gente los compre, los compra, no los lee. Sólo los ojea o los guarda. Bien lo saben los escuetos periódicos gratuitos, pura publicidad, que nos ofrecen por las mañanas en el Metro.

YA NO HAY CASETTES. Permanecen mudas, bien ordenadas las muertas colecciones que han perdido la esperanza de resucitar. Sus neuróticos coleccionistas han perdido la partida.

YA NO HAY DIAPOSITIVAS. ¿Qué haremos algunos con nuestros miles de diapositivas que ya nunca usaremos? Atrás quedan las horas previas a cualquier conferencia en que uno las seleccionaba una a una frente a la lámpara. Todavía recuerdo con que emoción juvenil, tras aparecer en Filadelfia para dar una conferencia sobre mi obra en la Universidad de Pennsylvania, y porque llevaba mis diapositivas estupendas en formato 6x6, tuve que entrevistarme con Robert Venturi que era el único poseedor allí de un proyector para las dichosas 6x6. Cordialísimo, me prestó su proyector y una estupenda anécdota para contar. Y ahora sólo voy con esa cosa pequeñita que llaman Pen Drive. (a decir verdad siempre llevo además, por si acaso mi par de DVDs en el bolsillo).

Y mi estupenda Hasselblad de 6x6, objeto de culto de mi generación, y que tantos sacrificios me costó a fuer de ser tan cara, preside el fondo de mis repletas estanterías como una momia, tan poco se mueve, tan poco la muevo. ¿Qué será de las casas de revelado que tanto cuidado ponían en su trabajo?

Y es que el ORDENADOR es el rey. Hay pantallas de todos los tamaños y colores y precios. Y si las enormes pantallas de píxeles presiden Times Square en Nueva York y Trafalgar Square en Londres, en el Metro de Madrid se anuncian los Nevir, los del león, tan pequeños y bonitos y baratos, tan tentadores. En el avión y en el AVE, las gentes llevan con mimo el ordenador portátil en su regazo. Pero también en los populares autobuses ALSA de Castilla o en los COMES de Andalucía, todos son gentes con ordenador portátil en su regazo. En el trastero de mi casa y en de la suya, se acumulan los antiguos ordenadores gorditos y grises y con mil empolvados cables, que no nos decidimos a tirar. ¿Son ustedes conscientes que no han pasado ni 5 años? No es que el tiempo "huya", corra, es que se despeña.

Y ¿qué hacen nuestros hijos? O mejor dicho, ¿qué hacen ustedes? Dedicar miles de horas al año a este nuevo menester de la pantalla. Hagan por curiosidad la cuenta y se quedarán sorprendidos. Y es que esto es imparable.

Me apuntaron al FLICKR hace poco más de un par de meses y ya hemos celebrado en mi Estudio con pacharán las más de 50.00 visitas la semana pasada. Asombroso.

Decidí hacer mi última exposición en Madrid con sólo un DVD proyectando las imágenes sobre una sábana por detrás. Por aquello de la Economía de medios y el *less is more* y el *more with less*, y esas cosas. En el DVD 3.333 dibujos originales. Y salió tan barata la operación que editaron 3.333 ejemplares de los que me regalaron 2.000 que yo ahora regalo y envío por correo con un simple sello de 0,42 euros.

Cuando consulto en GOOGLE mi nombre, me asusta ver la avalancha de referencias que allí me hacen. Allí he descubierto cosas sobre mí que no sabía, o que había olvidado. Vertiginoso.

Y aunque hace tiempo que tengo página WEB, www.campobaeza.com, como creo que es mejorable, he contratado a un arquitecto sueco que trabajó hace tiempo conmigo, para intentar poner en pie la mejor página web del mundo. Tan grande es mi fe en estos medios. Tan clara tengo la importancia de la COMUNICACIÓN.

Y tengo previsto en mi nueva página web el que haya LINKS con diversos niveles de definición de todos mis proyectos. Desde los primeros esquemas hasta los detalles constructivos más completos del Proyecto de Ejecución, e incluso de los desarrollos posteriores.

Mis colaboradores se enfadan conmigo y me riñen y me intentan convencer de los derechos de propiedad intelectual que todo eso lleva consigo. Yo respondo con que me parece más lógico el poner a disposición de todos lo que uno ha hecho. No se trata de generosidad sino de la lógica más aplastante.

Y es que el tema central es el de la COMUNICACIÓN.

Aunque no soy almodovariano tengo que reconocer que la escena de Carmen Maura en la cabina telefónica donde a la vez que se oyen las palabras del contestador automático pasa por delante en vivo y en directo la persona que las ha grabado, es genial y resume muy bien la INCOMUNICACIÓN actual.

Y el ORDENADOR, y la ARQUIGRAFÍA con él, de lo que nos hablan es de COMUNICACIÓN, COMUNICACIÓN, COMUNICACIÓN.

COMUNICAR, TRANSMITIR, CONECTAR

Bien lo sabía Cervantes cuando acabada la primera parte del Quijote lo hace traducir al inglés por Shelton, con lo que unos años después, Jefferson, que además de ser Presidente de los Estados Unidos era Arquitecto, podía reñir a su hija María por "no estar leyendo el Quijote".

Y no le va a la zaga Keats, el poeta, cuando dedica un poema bellísimo a Chapman por haber traducido a Homero al inglés. Y lo que son las cosas, esta traducción la hace Chapman en los mismos años en que Shelton traducía el Quijote.

COMUNICAR, TRADUCIR, UNIR. LINKS, BLOGS, WEBS, I PODS, PEN DRIVES

Hace sólo pocos años, estábamos en el "siglo pasado" y lo que es peor, en el "milenio pasado". Y todos ustedes son tan antiguos que nacieron en el siglo pasado. O por verlo en versión positiva, no sólo estamos en el comienzo del siglo XXI sino que es nuestro el tercer milenio. De ustedes y mío.

Han pasado muchas cosas, están pasando muchísimas cosas y pasarán todavía muchísimas más. TEMPUS FUGIT. Un tiempo que, además de ser oro, debe y puede ir de nuestra mano.

DIBUJAR EN EL AIRE
Sobre el cómo los arquitectos dibujan en el aire

ESRIBIR EN EL AGUA, DIBUJAR EN EL AIRE

Estamos ya en el tercer milenio. Porque aunque estemos a comienzos del
siglo XXI, la verdad es que no somos conscientes, casi nadie habla de ello,
de que lo que realmente hemos hecho es cambiar de milenio. El futuro está
ya aquí, y es nuestro. Un futuro en el que los arquitectos dibujamos EN EL
AIRE.

La primera vez que, todavía joven, leí a Keats, me emocioné con aquella definición de sí mismo de "aquí yace alguien cuyo nombre está escrito en el
agua" que él proponía como su epitafio. Y no podía imaginar que en muy poco
tiempo los arquitectos, por mor de la informática, estaríamos dibujando en ...
el AIRE. Porque ya sea con Autocad o con otros sistemas que aparezcan,
nosotros estamos dibujando en el AIRE.

El rotring, que es el último artilugio usado para pasar al papel vegetal
nuestros dibujos, ha desaparecido de la faz de la tierra. No conozco a nadie
que los utilice ya, ni siquiera como acto nostálgico. Y antes que el rotring el
graphos y antes el tiralíneas. Y con ellos los compases y las bigoteras. Y el
necesario papel vegetal. De todo ello no queda ni rastro. Tan inútiles son ya
hoy.

¿Son ustedes conscientes de la UNIVERSALIDAD del dibujar en el AIRE?
Desde el primer momento de su factura a través de los nuevos medios,
nuestros dibujos y nuestras palabras escritas, son capaces de cruzar en un
segundo el mundo entero. Ese mundo que ahora tenemos "a nuestros pies" a
través del diabólico Google Earth. Y de llegar a la luna si se tercia. Y es esa
UNIVERSALIDAD, real, palpable, eficaz, lo que me fascina, y la razón
principal de este texto.

Algunos de mis colaboradores se niegan a que pongamos "en el aire", a disposición de todos, todos mis proyectos de ejecución. Y el resto de documentos, producidos todos con el ordenador. Con numerosos detalles muy trabajados y muy bien resueltos. Dicen que los van a copiar. Pues que los copien,
les respondo yo. Para eso están. Para eso están en el aire. Y no es una
cuestión de generosidad sino de pura lógica. Tiene que ver algo, o mucho,
con aquello que tantas veces he citado de Ortega de cómo "el hombre gasta
y desgasta los instrumentos técnicos, pero los objetos artísticos no". Y estos
dibujos algo de artístico, mucho, tienen.

Y también es esto válido para los croquis y los pequeños dibujos que
hacemos los arquitectos cuando estamos gestando un proyecto, cuando
estamos dando forma, todavía en germen, a las ideas que generan nuestros
proyectos. En los últimos años yo suelo emplear para hacer esos dibujos y
escribir mis textos un Pilot 0,4. Hace poco escanearon todos mis dibujos de

la colección de libretas, pequeñas y grandes, en las que anoto y dibujo casi
todo. Y yo fui el primer sorprendido. Aquellos dibujos "míos y sólo "míos"
hasta entonces, pasaban al aire y estaban a disposición de todos. También a
mi disposición porque con este sistema puedo volverlos a ver de una manera
mucho más fácil y clara. Al pasar al aire, inmediatamente se han vuelto UNI-
VERSALES. Y uno a uno se mandan de manera sencilla con un simple email.
Y caben todos ellos, miles, en un CD que metido en un sobre y con un
sencillo sello, cruzan el mundo en un periquete. Y todo esto ¡cómo no! sirve
también, y con más razones que para los dibujos, para las palabras.

Si empecé de la mano de Keats, debería terminar con T.S. Eliot que en sus
FOUR QUARTETS, más concretamente en el comienzo del primero, Burn
Norton, a través del poema hace una interesante disquisición quasi filosófica
sobre pasado, presente y futuro. Se lo recomiendo vivamente, y a ser posible
en la perfecta edición de Faber&Faber de Londres que tengo sobre mi mesa.

SOBRE ARQUITECTOS

LA BELLEZA MISMA
Sobre la Arquitectura de Luis Barragán

Cuando Ralph Vaughan-Williams, compone el siglo pasado su impresionante
"Fantasía sobre un tema de Tallis", no sólo se inspira en el compositor inglés
Thomas Tallis, que en los tiempos de Shakespeare creara maravillosas polifo-
nías vocales sino que, además de expresar su admiración por él, pone en pie
una música sublime que es capaz todavía de conmovernos en lo más hondo,
transmitiéndonos una paz y una serenidad que sólo la música magistral
produce.

Así quisiera yo que mis palabras sobre Barragán fueran capaces de desvelar
algo de lo más profundo de su obra, de descubrir lo más esencial, de
despertar más que la sola admiración por el maestro mejicano.

Este carácter esencial de la arquitectura de Luis Barragán ha sido siempre
muy bien entendido por autores como Kenneth Frampton que en todos sus
escritos ha puesto en valor la universalidad del maestro. En su más reciente
libro "Labour, work and Architecture"[1] clava con precisión la obra de
Barragán en el centro de la arquitectura cuando nos propone "que puede
parecer a primera vista simple, pero que por el contrario, es una síntesis
compleja capaz de unificar simultáneamente los opuestos de <arquitectura
versus arte>, <tradición versus innovación> y <naturaleza versus cultura>"
lo que, sigue diciendo Frampton, "está ausente del trabajo de algunos arquitectos de moda que parecen insistir en ser reconocidos más como artistas
que como arquitectos".

EL FACISTOL

Al poco de morir Barragán en 1988, un muy buen arquitecto de Granada,
Antonio Jiménez Torrecillas,[2] me contaba su visita a la casa del maestro en
Tacubaya con toda la carga de emociones que esa arquitectura provoca. La
casa de Barragán se conserva como si el propio arquitecto siguiera viviendo
en ella. Las chaquetas recién planchadas cuelgan impecables en los
armarios. Y sus libros y enseres encima de la mesa como acabados de dejar.

Y me decía que sobre el enorme facistol que preside su cuarto de estar, el
que aparece en las fotos delante de la cristalera, estaba abierta ¿seguirá así?
una publicación que sobre mis obras hizo el Colegio de Arquitectos de
Málaga en 1986,[3] con un diseño exquisito de Roberto Turégano y sobre el que
yo había estampado una dedicatoria tal, tan ardiente, que todavía no ha
acabado de apagarse.

Pero toda esta historia había comenzado mucho antes. En los primeros años
80, desde la cátedra de Carvajal, con Ignacio Vicens y la ayuda de un grupo
de alumnos entusiastas, habíamos invitado a la Escuela de Arquitectura de
Madrid a casi todos los más brillantes arquitectos que pululaban por

entonces en el firmamento de las estrellas de la arquitectura. Vinieron
Richard Meier y Peter Eisenman y Mario Gandelsonas que, tras el invento
de los Five, difundían su doctrina desde el IAUS de New York a través de los
Skyline y Oppositions, maravillosamente diseñados por Massimo Vignelli. Y
Alvaro Siza dio su primera conferencia en Madrid, al igual que Tadao Ando.
Y Silvetti y hasta Mario Botta. Y algunos más. Decidimos coronar aquella
avalancha de conferencias, siempre multitudinarias, con la venida de
Barragán a quien, además, le acababan de conceder el Pritzker.

Pues a nuestra cordial invitación contestó con una carta preciosa en la que
decía emocionado que le gustaría volver a España, ¡ay España! ¡ay la
Alhambra! pero que se encontraba mal, y que se estaba preparando "a bien
morir". Toda una lección de vida. Mi respuesta no se hizo esperar: le mandé
aquella publicación encendida que debe seguir hoy todavía sobre el facistol.

La historia no termina aquí. El año pasado, en una simpática comida que
solemos tener cuando los tribunales de Fin de Carrera en la Escuela de
Madrid, Gabriel Ruiz Cabrero me contaba que en su último viaje a Méjico
también había visto la publicación allí, en una visita que hiciera a la casa
de Barragán con Antón Capitel. Se puede comprender que mi admiración y
mi cariño por el maestro mejicano queden reforzados con tamaños testimonios.

COMO GOETHE CON ROMA

Mi primera noticia consciente de Barragán data de 1980, cuando se publica
una interesante entrevista que le hace Jorge Salvat en julio de aquel año en
Archetype,[4] el contrapunto del Skyline. A raíz de aquellas páginas en blanco
y negro y de aquellas palabras a todo color, quedé enganchado.

Cuenta André Gide en sus "Conseils au jeune écrivain"[5] que cuando Goethe
llega a Roma, exclama: "¡Por fin he nacido!", expresando así cómo su
estancia en Italia le hacía tomar de manera especial una profunda conciencia
de sí mismo, de su existir.

Pues igual que a Goethe con Roma, a mí me pasó con Barragán, cuando
"llegué a Barragán" volví a tomar conciencia de mi existir como arquitecto.
Como ya me había pasado con Mies van der Rohe y con Le Corbusier. O con
Sota y con sólo muy pocos más.

Quizás a algunos de los que lean estas líneas pueda ocurrirles lo mismo, que
ahora a estas alturas "lleguen a Barragán" y que tomen conciencia de su
existir como arquitectos. Les estaría bien empleado. Y para llegar al maestro,
sería bueno señalar algunos aspectos que me parecen cruciales en su arqui-

tectura, como son: el cierto desaliño de sus plantas, la conquista del plano superior, el afinado de las ideas, su tratamiento de la luz y del color, y algún otro más.

EL DESALIÑO DE LAS PLANTAS

Se diría que más que componer plantas, las recorre, las concibe para ser recorridas. En una primera lectura de sólo la huella de sus plantas sobre el papel blanco podrían parecernos hasta torpes. Ya desde sus primeras obras, las más "regionalistas", como en su segunda y larga etapa "funcionalista", y por supuesto en su última etapa, la más difundida, no es fácil entender sus plantas de un primer golpe de vista. Casi siempre evita el plano único horizontal. Siempre hay pequeños cambios de nivel en el plano del suelo, que se conectan con pequeños escalones Se acentúa más el movimiento en el espacio que la composición. Más la fluidez que la transparencia. Más el recorrido sincopado que la continuidad visual. Y se abandonan mecanismos clásicos como las "enfilades" y la simetría.

No es Barragán un arquitecto "miesiano" de continuidades, transparencias y composiciones canónicas. Es más un arquitecto que como aquellos de la Alhambra concatena espacios donde cada uno de ellos tiene su razón de ser. Quizás pudiéramos relacionarlo con el *raumplaun* que da prioridad absoluta a la cualidad del espacio interior, y que nos sugiere una cierta relación con el mundo de Adolf Loos tan cercano a veces al maestro. Quizás también por aquel cierto "dandysmo" que ambos practicaban.

O bien, en una lectura más sencilla, Barragán hacía todo con la libertad que provee la sabiduría. Tira por la borda los mecanismos clásicos de la composición, y hace con conocimiento y conciencia lo que le da la gana, con tan buenos resultados. Pues tras el aparente desaliño de sus plantas, con la tercera dimensión, la vertical, Barragán levanta unos espacios llenos de belleza, de aquella belleza repleta de naturalidad que siempre tuvieron sobre todo las obras del último período del maestro.

BARRAGÁN EN CÁDIZ

Para escribir un texto elogioso sobre Asís Cabrero, inventé una visita de Mies van der Rohe a Madrid.[6] Todo allí era posible y creíble, aliñado con datos ciertos. A mí llegaron a contármelo sin saber que yo lo había escrito. Enlacé aquella historia con la visita de Mies al Gimnasio Maravillas de Alejandro de la Sota a quien tuve que dar cuenta del invento literario.[7] No gustó a algunos la fórmula tantas veces usada por muy buenos escritores, y se apresuraron a desmentir aquello y a publicarlo. Como si alguien algún día nos avisara de que, salvadas las distancias, todo el Quijote no es más que una invención de Cervantes.

Pues en esta ocasión no vamos a novelar la visita de Barragán a Cádiz, porque sí estuvo cuando su viaje a la Alhambra. Pero sí quiero apuntar cuánto de gaditano tienen sus arquitecturas. Las azoteas como estancias "abiertas al cielo" que Le Corbusier descubriera en Argel y que en Cádiz han estado desde el comienzo de su historia. Los patios como espacios recogidos entre tapias. Y las fuentes y las albercas, y los arriates. Uno podría imaginarse perfectamente la casa Gilardi en Chiclana, o la casa de Tacubaya en Zahora.

Es curioso descubrir cómo Barragán, ya desde sus primeras obras utiliza sistemáticamente la azotea como elemento fundamental. Y ya nunca dejará de usarla. Lo que hacía posible la técnica moderna de cubrirse con un plano horizontal capaz de expulsar el agua, daba la posibilidad de conquistar aquella situación espacial privilegiada. La lección que Le Corbusier tan bien transmitiera y tan bien Barragán aprendiera de él.

Hace un tiempo, Eduardo Gómez T., un arquitecto joven de Guadalajara, me regaló un libro espléndido de Alfonso Alfaro sobre los itinerarios espirituales de Barragán. En "Voces de tinta dormida"[8] que así se llama el bellísimo texto, se nos acerca al maestro a través de los libros de su biblioteca. Y al hablar de su relación con Le Corbusier con detalles emocionantes, se cita el *penthouse* de Beistegui en los Campos Elíseos. Esa azotea de Le Corbusier bien podría haberla levantado Barragán. La conquista para el hombre del plano superior. Aquello que, con plena conciencia, nunca quiso hacer Mies para no romper las razones de su plano horizontal a la altura de los ojos, de su podio dominante, de su "piano nobile". El basamento clásico que domina la tierra frente al plano superior que se abre al cielo. Cuestiones ambas nada baladíes. Mies, Le Corbusier y Barragán.

EL AFINADO

Algunos arquitectos necesitan refugiarse en los detalles para compensar así su falta de ideas, su falta de aliento creador. Los detalles de los maestros suelen ser siempre acentos que potencian las ideas que desarrollan en sus obras. Los detalles así, suelen ser tan claros que a veces parece que desaparecen. Desaparecen en aras de la idea principal. Así son los detalles de Barragán: elementales, sencillos, nada a fuerza de mucho.

El vidrio sin carpintería en su encuentro con los muros, lejos de ser un detalle manierista, y mucho menos minimalista, es un mecanismo de eficacia aplastante para expresar la continuidad entre el interior y el exterior. El desglose de la puerta de salida al jardín junto al gran hueco, no hace más que abundar en la idea corbusieriana de separar funciones. Y así incluso a veces el color, lejos de ser como en tantos otros un capricho, o en algunos otros un corrector de defectos, se convierte en Barragán en mecanismo de precisión imposible de imitar.

Un buen conocedor de Barragán, Juan Molina y Vedia, le llama a esto el "afinar de Barragán". De cómo el maestro no sólo parte de una idea clara, sino que la afina hasta el final, "con finos detalles" y con un "fino equilibrio". He escrito este curso para mis alumnos un texto largo, en el que me explayo en este tema con el expresivo título "La medida de las ideas: las ideas en arquitectura tienen medidas". Quizás tuviera que añadir de la mano de Barragán que también tienen color.

Y EL COLOR

No es fácil hablar del color en Barragán. Máxime cuando sus imitadores lo emborrachan todo de colores confundiendo a los incautos.

Barragán utilizó el color con mucho tacto y de manera muy precisa. Curiosamente, en su casa de Tacubaya el espacio principal es blanco patinado por el tiempo. Y sólo mete el color magistralmente en muy pocos elementos, entre otros la azotea. Con la libertad que concede la privacidad en las alturas, procede a pintar los paramentos verticales de manera sublime creando, como si dios fuera, trozos de un cielo soñado, mejicano y universal. Y luego, abierta la veda, vinieron las otras obras. Y al final el ebrio derroche de la casa Gilardi, a veces tan controvertida.

Hace años hice la traducción al castellano del texto con el que Aldo Rossi prologaba un estupendo libro de Benedetto Gravagnuolo sobre Adolf Loos.[9] Y Rossi allí decía que si aquellas paredes de la Secesión vienesa pintadas de color rosa, hubieran sido blancas y se hubieran despojado de algún ornamento, aquellas obras bien hubieran podido pasar por racionalistas. Pues lo mismo con Barragán. Los falsos barraganes han proliferado. Creen algunos que basta con pintar sus paredes de fucsia y de rosa y de rojo para ser como el maestro.

El color en Barragán es tan justo, tan medido, tan estudiado, que a fuerza de ser buscado parece casual. El nos relata la multitud de preguntas que hacía hasta llegar al tono exacto, al matiz ansiado. No basta con etiquetarle de mejicano porque sus intensos colores puedan evocar, que los evocan, los colores que emplearan los aztecas. Abundan los ornamentos coloristas fol-clóricos en Méjico, también en arquitectura, pero Barragán sólo hay uno, ini-mitable.

Y LA LUZ

Hay una imagen que me impresiona siempre de los jardines del Pedregal. Un muro blanco, altísimo a juzgar por el tamaño de los niños sentados a sus pies, que recibe la sombra de las ramas de los eucaliptos cercanos. Aunque es sólo una fotografía, y en blanco y negro, se ven en ella mecerse dulcemente las sombras, como acariciando el blanco muro ennoblecido por el paso del tiempo. Y esas sombras, como el cierto carácter reticente de toda su arquitectura, son capaces de despertar nuestra sensibilidad a la belleza.

En esa misma línea, la luz radiante del desnudo retablo tocado en pan de oro de la capilla de las Madres Capuchinas. Pan de oro que significa la mínima cantidad imprescindible de oro para conseguir el riquísimo resultado. Alvaro Siza, con esa profunda perspicacia que le caracteriza, en su breve y sabroso texto sobre Barragán apunta que "el color que recuerdo es el oro"[10] con su capacidad de retener la luz y de devolvérnosla glorificada. Muy Barragán.

O la descripción emocionada de Louis Kahn sobre la plata conseguida por Barragán, en este caso con sólo agua y luz. Con casi nada. "Cada gota era como un filamento de plata que formaba anillos de plata que rebosaban de la superficie y caían al suelo".

Hablar de la otra luz de Barragán, de la que se cuela por las trampas que él le va poniendo es más obvio. El, con sabiduría infinita, la tiñe algunas veces de colores hasta llegar a la casa Gilardi donde al agua marina entre azules y verdes, le mete un tizonazo de rojo que suspende el tiempo en el aire. O nos tiñe el pasillo de un amarillo azafrán que nos embriaga. No hay arquitecto capaz de copiarle.

Y LAS PALABRAS

Protestaba Barragán en su discurso al recibir el Pritzker de que "las palabras belleza, inspiración, embrujo, magia, sortilegio, encantamiento" y también las de "serenidad, silencio, intimidad y asombro" hubieran desaparecido en las publicaciones dedicadas a la arquitectura.[11] Y tenía razón el maestro. A alguien podría parecerle que estos términos pertenecieran todos a un mundo difuso, etéreo o inalcanzable, reservado sólo a unos a modo de druídas de la arquitectura.

Bien sabía Barragán que esas cualidades reclamables a la arquitectura por encima o además de la pura construcción, no son el producto de un golpe de intuición. Son, en la arquitectura y en cualquier labor creadora, el resultado de un perfecto control de los elementos con los que se compone la obra

creada. He puesto muchas veces el ejemplo de las recetas de cocina que
llevan a un resultado sublime cuando se hacen con precisión. No son nunca
un golpe de intuición. Como en la poesía. Que muy bien decía Italo Calvino
en el capítulo dedicado a la exactitud de su "Seis propuestas para el próximo
milenio",[12] que "la poesía es la gran enemiga del azar". Así de claro.

SUSPENDER EL TIEMPO

Podremos analizar la obra de Barragán bajo muchos puntos de vista: la
naturalidad que le lleva a lo que hemos llamado desaliño en las plantas, la
precisión a la que hemos llamado afinado, la luz y el color como ingredientes imprescindibles, o las palabras que él logra hacer palpables en sus
muros. Pero, ¿cuál es el centro de la arquitectura de un creador que reclama
la belleza y la inspiración, la magia y el embrujo, el sortilegio y el encantamiento? ¿Y a la vez la intimidad y el silencio, y la serenidad y el asombro?

Por encima de todo lo que se ha dicho de Barragán, entiendo que lo más
específico de su arquitectura, su logro más esencial es la suspensión del
tiempo. Ese algo tan sutil y a la vez tan real, capaz de tocarse en un espacio
bien temperado que es el sentir que el tiempo allí se ha detenido. Como el
"quedéme y olvidéme" o el "cesó todo y dejéme" de San Juan de la Cruz, que
son algo inefable pero capaces de ser entendidos allí en un instante. Bien
sabemos los arquitectos que, con y como Barragán, podemos conseguir
también con nuestras obras ese preciado regalo. Como el sueño de alguno de
leer algún día en alta voz entre las tapias de colores de la azotea de
Tacubaya, algunos de aquellos versos de San Juan de la Cruz. A buen seguro
que no sería la primera vez que esos muros oyeran esos poemas. Sonarán
como *el soplo de un aura suave* en el que Elías, el profeta desgarrado, hallara
a su Señor.

Da calma el contemplar la obra de Barragán e invita a estar callados. Y el
sonoro silencio nos habla de esa suspensión del tiempo. Algo de lo que
deben sentir las monjitas recoletas cuando rezan en el espacio bendecido por
la dorada luz de su capilla de Tlalpan.

Barragán, por encima del tiempo, es de ayer, de hoy y de mañana. Y así lo
entendió Louis Kahn cuando fascinado por su arquitectura, le llama a
consulta.[13] No parece fácil que un maestro como Kahn, algo cascarrabias,
llamara a otro arquitecto para colaborar con él. Y mucho menos todavía el que
le hiciera caso en todo. Le pide un jardín y Barragán le da un desierto, un
espacio desnudo sin planta alguna. Y crean allí al alimón un espacio funda-
cional, un podio de piedra romana surcada por el agua. Un podio que habla
del deseo de establecerse allí para siempre, de permanecer, de dejar el
tiempo suspendido.

FINAL

Terminaba José María Buendía su escrito con una emocionante coplilla que ponía en boca de un corrillo de niñas: "Y ese Barragán ¿quién será? Que así se aleja, y a los muros llorando deja, cuando se va"[14] que no quiero dejar de transcribir en mi texto, tan preciosa me parece para evocar al maestro.
Yo me vuelvo de la mano de Louis Kahn que en ese corto texto sobre Barragán también decía: "su casa no es simplemente una casa, sino LA CASA MISMA". Así querría entender yo la arquitectura de Barragán. Por encima del uso magistral del color o de la luz, o de su sublime entendimiento de la sencillez, o de su atrapar el tiempo, creo que la arquitectura de Barragán va al centro mismo de las cuestiones que la arquitectura plantea. A su esencia. Parafraseando a Kahn, la arquitectura de Barragán no es simplemente arquitectura, sino la Arquitectura misma, LA BELLEZA MISMA.

En Cádiz, invierno de 2002.

Notas:

[1] Kenneth Frampton "Labour, Work and Architecture" Phaidom Ed. Londres-Nueva York, 2002
Éste es el último libro publicado por Kenneth Frampton. Dedica un capítulo a Barragán.
Me hizo el honor de dedicármelo en este invierno al inicio de mi estancia en Columbia
University en N.Y.

[2] C. O. de Arquitectos de Andalucía Oriental. AQ 7. Antonio Jiménez Torrecillas "Luis
Barragán visita la Alhambra" Granada, 1991
Antonio Jiménez Torrecillas no sólo es un buen admirador de Barragán, sino que además
es un espléndido arquitecto. Ha construido el centro José Guerrero junto a la Catedral de
Granada, una maravilla que acaba de ser premiado por el C.O.A. de Granada..

[3] C. O. de Arquitectos de Andalucía Oriental. Campo Baeza. Málaga, 1985
La publicación que hizo con ocasión de una exposición en el C.O.A. de Málaga, exquisita-
mente diseñada por Roberto Turégano, tuvo dos ediciones, una en castellano y otra en
inglés. La que recibió Barragán fue la editada en castellano, por supuesto.

[4] Entrevista con Jorge Salvat. ARCHETYPE FALL '80. Nueva York, 1980

[5] André Gide "Conseils au jeune écrivain" Proverbe Ed. Paris, 1993
Otra joya para no dejar de leer nunca. Estoy terminando de hacer una traducción al caste-
llano. Tan imprescindible me parece.

[6] Alberto Campo Baeza "La Idea Construida" "Reflejos en el ojo dorado de Mies van
der Rohe" Universidad de Palermo Ed. Madrid, 2000
El libro ha tenido ya tres ediciones, las dos primeras en la colección editada por el COAM.
La tercera con una tirada grande ha sido editada por la Universidad de Palermo.

[7] Alberto Campo Baeza "La Idea Construida" "El día que Mies visitó a Sota"
Universidad de Palermo Ed. Madrid, 2000

8 Alfonso Alfaro "Voces de tinta dormida" Arte de México Ed. México D.F., 1994.
El libro, en una preciosa edición de "Libros de la Espiral" me lo regaló Eduardo Gómez
T., un estupendo arquitecto de Guadalajara.

9 Benedetto Gravagnuolo "Adolf Loos" Idea books Ed. Milán, 1982
Con Benedetto Gravagnuolo coincidí en el jurado de los premios Cosenza. Es un
intelectual. En estos días ha sido nombrado director de la Escuela de Arquitectura de
Nápoles.

[10] AA.VV. "Barragán. Obra completa" Tanais Ed. Madrid, 1995

[11] AA.VV. "Luis Barragán. Obra construida 1902-1988" Junta de Andalucía Ed. Sevilla, 1989

[12] Italo Calvino "Seis propuestas para el próximo milenio" Siruela Ed. Madrid, 1989
Considero este libro como una lectura imprescindible para cualquier arquitecto. Es un
texto a la vez profundo, sugerente y bellísimo. Para leerlo mil veces.

[13] Kenneth Frampton "Studies in Tectonic Culture" The MIT Press Ed. Cambridge.
Massachussets, 1995

[14] AA.VV. "Barragán. Obra Completa" Tanais Ed. Madrid, 1995

UNA ARQUITECTURA LIMPIA
Sobre la Arquitectura de Manuel Sánchez Arcas

La figura del arquitecto Sánchez Arcas parece que, como su obra, se agranda con el paso de los años. Su arquitectura que fue concebida y construida con enorme rigor, fuera de las modas imperantes, ha sido capaz de permanecer en el tiempo. Pareciera que la limpieza moral del arquitecto, un personaje de absoluta coherencia, se hubiera transmitido a sus obras.

En el estudio que realicé en los años 80 en mi tesis doctoral sobre el racionalismo madrileño, ya estudié la figura de Sánchez Arcas, que aparecía allí con voz propia.

La valoración que se ha hecho, hasta ahora, de Sánchez Arcas se ha basado, principalmente, en tres puntos: un desenfocado enjuiciamiento de su obra al considerar, como pretendida única ortodoxia válida la de los principios racionalistas practicados a ultranza, una mitificación de una pequeña pieza suya, la Central Térmica de la Ciudad Universitaria, leída en una supuesta y unívoca clave racionalista y el olvido, por contraste, de su obra más importante, el Hospital Clínico, del que sólo se han hecho ligeras referencias.

Su participación en la polémica del Movimiento Moderno en España, en la que adoptó una postura crítica frente a los radicales principios de Le Corbusier, no la tradujo en ataques verbales, como lo haría Lacasa, con el que trabajó asociado algunas veces, sino que la mostraría de modo implícito en todas sus interesantes obras.

Su personal manera de entender la arquitectura, tendría una gran influencia, nunca expresada, en toda la arquitectura española posterior. Arquitecto de enorme capacidad, reconocida por todos los profesionales de su tiempo, supo resolver en todos sus proyectos los problemas funcionales y tecnológicos con claridad y profundidad. Formalmente, no se dejó seducir sólo por las formas cubistas en que resolvían los racionalistas, sino que buscó una vía más acorde con las tradiciones locales.

Esta manera suya de pensar, la expresaría claramente en la encuesta de 15 de abril de 1928 de la Gaceta Literaria:

"Las obras de los arquitectos mencionados (Oud, Poelzig, Le Corbusier, Taut, Dudok, Frank, Hoffman, Mies van der Rohe) y de otros muchos no incluidos, que representan tendencias y posiciones muy considerables y el *estilo español*, siempre que las comillas no traten de reducir este grupo a tipos de arquitectura, cuyo propósito es únicamente el de imitar los estilos y elementos de épocas anteriores, sin adaptación al espíritu y necesidades de la nuestra, no sólo pueden coexistir, sino que, en realidad, existen simultáneamente, y no como orientaciones consecutivas, sin que ninguna de ellas pueda excluir, ni mucho menos destruir, a las otras de un modo total."

"No considero como característica esencial de la arquitectura moderna, la ausencia de la decoración. Ni creo que pueda trazarse esa línea divisoria entre *estilo español* y *no estilo español* para separar la buena arquitectura."

"Sucede que tipos de arquitectura *constructiva* pocas veces pasan de la simple expresión de lo racionalista. Poco avanzó en otros aspectos desde su aparición. Forzoso fue, en sus primeros pasos, al desprenderse de todo lo anterior, incurrir en graves defectos. Supuso, sin embargo, un gran descubrimiento. Tan franca orientación, encontró adeptos que, rápidamente, y con la claridad de expresión de un cartel, recordaron valores arquitectónicos olvidados."

"Su evolución, hoy ya lenta, se agravará si persiste en su radicalismo. Sigue siendo una arquitectura rural, incivil, incapaz casi siempre de buenas formas urbanas. No tiene en cuenta el progreso industrial, no camina acompasadamente con él; por el contrario, lo desorienta y lo retrasa por falta de disciplina y concreción. Por eso, es de desear que, a su llegada a España, no suframos las mismas experiencias."

"Existen, por el contrario, obras arquitectónicas que no tratan de desarrollar ninguna fórmula estética concebida *a priori.* Su finalidad parece ser, simplemente, la de *dar forma a nuevos programas*, por completo originales y muy diversos, creando una estética nueva sobre bases más sólidas que las del grupo antes mencionado. Me refiero, principalmente, a los edificios de los Estados Unidos, aunque no exclusivamente. Aparecen estas obras valorizadas por elementos ornamentales de épocas anteriores, aprovechando toda la enseñanza del pasado, pero sin hacerle concesiones esenciales, les falta crear la nueva ornamentación, el detalle puramente. No será el Barroco, ni Renacimiento, etc., el digno sucesor de nuestra época, ni sus derivados como parece deducirse de los diversos ensayos realizados hace pocos años, sino un *nuevo estilo* que sea consecuencia de los nuevos tipos ya creados, ya que no en todos los casos se prescindirá de enriquecer los edificios con decoración que, hoy, en general, se considera superflua, en parte para obrar con mayor libertad en la resolución de problemas arquitectónicos de difícil solución."

"No creo que exista un retraso de la arquitectura en España, en relación con otras actividades. Depende la arquitectura, como es natural, de nuestros gustos y necesidades, es reflejo de ellas y aún más de nuestras cualidades morales. Refiere Atkinson, en su reciente publicación, que Carlyle, después de pasar cientos de veces ante el Chelsea Hospital, sin fijarse en él, aparentemente, aseguró un día, mostrando su agrado, que el arquitecto debió ser *a good man and a gentlman* (un buen hombre y un buen caballero), sentencia que puede extenderse más allá del arquitecto".[1]

Manuel Sánchez Arcas, nace en 1895, y cursados sus estudios en la Escuela
de Arquitectura de Madrid, obtiene el titulo en 1920. Pertenecen a su
promoción, Miguel de los Santos y Agustín Aguirre.

En 1925, se presenta, con J. Arnal Rojas, al concurso de la Compañía
Arrendataria de Tabacos, para su edificio de la calle Sevilla, con vuelta a
Arlabán, en Madrid. El proyecto es ganado por Gutiérrez Soto y Cánovas, que
comparten el primer premio con Blanco Soler y Bergamín.

Realiza en 1925 un viaje a Holanda, del que publica sus impresiones en la
revista "Arquitectura", en marzo de 1926. Allí descubre una arquitectura que
tendrá una gran influencia en toda su producción.

"Una arquitectura que podemos llamar tradicionalista y que produce algunos
ejemplos modernos, con toda la distinción de su predecesores, pero que *no
representa ningún problema de estética*, sino el de la simple adaptación de los
antiguos tipos a la utilización moderna".[2]

Y añade:
"Las fachadas son tratadas, no como lienzos a decorar, sin como superficies
que limitan volúmenes".[3]

En Abril de 1927, se convoca el concurso de Anteproyectos para el Instituto
de Física y Química de la Fundación Rockefeller. Al concurso se presentan,
entre otros, Martínez Chumillas y el equipo formado por Miguel de los Santos
y Agustín Aguirre.

El primer premio es ganado por Sánchez Arcas, en colaboración con Luis
Lacasa, con un proyecto que, con variaciones, se construirá entre 1929 y 1931.
Aunque el proyecto original era más claro espacialmente (véase, por ejemplo,
la sala de conferencias), el proyecto realizado se desarrolla con gran minu-
ciosidad. Para ello, visitan edificios similares realizados en Europa, antes de
redactar el proyecto definitivo.[4]

En 1927, es llamado por D. Modesto López Otero, para formar parte del
equipo de arquitectos que redactará los proyectos de la Ciudad Universitaria.
Con él, trabajan Luis Lacasa, Miguel de los Santos y Agustín Aguirre.

A Sánchez Arcas, le serán encomendados los proyectos del Hospital Clínico,
el Pabellón de la Junta y Oficinas de la ciudad Universitaria, y la Central
Térmica.

En diciembre de 1928, hará, con Miguel de los Santos, un viaje de 3 meses por
Estados Unidos y Canadá para estudiar todos los edificios de tipo hospitalario que ayudarán a una más perfecta concepción del gran Hospital Clínico.

A partir de aquí, se convertirá Sánchez Arcas en un verdadero especialista en este tema hospitalario, que dominará y del que hará posteriormente nuevos proyectos.

En 1929, ganará, con J. Arnal (con el que se presentó en 1925 al concurso de la Tabacalera), el concurso para el Hospital Español de la Beneficencia, en Méjico, de 1.200 camas. El proyecto, en la misma línea del Hospital Clínico y de los demás proyectos de hospitales de Sánchez Arcas se llega a construir. La construcción conservada perfectamente, es claramente identificable como obra de Sánchez Arcas.[5]

En 1930, gana también, con Lacasa, el primer premio del Concurso del Hospital Provincial de Logroño. En sus plantas, aparecen ya muchas soluciones que desarrollará en el Hospital Clínico y que aparecerán idénticas, sin ningún cambio, en el Hospital de San Sebastián.

En 1931, vuelve a ganar otro concurso hospitalario, el Hospital Provincial de Toledo. El proyecto, en colaboración con L. Lacasa y F. Solana, llega a construirse. Sobre esquemas ya usuales en la obra de Sánchez Arcas, levanta una arquitectura inclusiva, donde se interpretan con un nuevo sentido diversos temas del repertorio de la arquitectura toledana.[6]

1931 será la fecha de la construcción del primer edificio del conjunto de la Ciudad Universitaria: El Pabellón de la Junta y Oficinas de la Ciudad Universitaria, obra de Sánchez Arcas. Las obras, realizadas en 90 días laborables, se empiezan el 14 de febrero de 1931, quedando terminadas el 4 de junio del mismo año.

El edificio estaba acabado en ladrillo visto al exterior, salvo la portada, aplacada con piedra caliza. Actualmente, todo él se encuentra aplacado con piedra. Respecto a esta situación, con desconocimiento del problema, se ha escrito:

"Las obras que se terminaron en la Ciudad Universitaria quedaron destruidas durante la guerra, dada la proximidad del frente, y al ser reconstruidas según las trazas primitivas, se ocultaron los nombres de los autores exiliados y se cubrieron en el caso del Pabellón, las fachadas de ladrillo con piedra, más acorde con el sentido representativo que había de tener".[7]

Esto no es del todo exacto pues el nombre de Sánchez Arcas, de sobra conocido, nunca se ha ocultado en su autoría respecto a los edificios que estudiamos. Ni siquiera, en el caso del Hospital Clínico, que, muy deteriorado durante la guerra, es remodelado, a veces con cambios sustanciales, por Miguel de los Santos (ya que este arquitecto había realizado la Facultad de Medicina).

En cuanto al aplacado total del Pabellón de la Junta, lejos de buscar representatividades en el acabado, se realiza como solución más lógica de cubrir la deteriorada fachada de ladrillo visto, tras los daños sufridos durante la guerra, dado que eran edificios que estaban en primera línea del frente. El sistema es el mismo utilizado en la Escuela de Arquitectura, cuya fachada, originariamente de ladrillo visto, también había resultado dañada.

En 1931, quedan redactados los planos de esa gran obra, que es el Hospital Clínico. Así como en Toledo el Hospital se resolvía en varios pabellones de poca altura, aquí se plantea un edificio concebido unitariamente. Con nueve plantas, se desarrollan dos grandes cuerpos paralelos dedicados a medicina y cirugía. Las plantas tienen una gran claridad compositiva.[8] El edificio, cuya construcción estaba muy avanzada al empezar la guerra, fue muy castigado quedando enormemente destrozado. A pesar de ello, su estructura, obra de Torroja, como la de toda la Ciudad Universitaria, siguió sirviendo como base de la reconstrucción que se prolongó hasta el año 1960.

En 1932, realizará unas escuelas, en colaboración con M. Vias en la región toledana de la Sagra, en el pueblo de Recas. Al igual que en el Hospital de Toledo, introduce elementos tecnológicamente avanzados (grandes ventanales metálicos), dentro de un edificio resuelto con técnicas locales.[9]

Ese mismo año, se inaugurará, en febrero, el Instituto Rockfeller, cuyas obras habían comenzado en 1929.

También en 1932, se presenta al Concurso de Casas Militares, en Madrid (Anteproyecto de edificios militares en el Paseo de Ramón y Cajal), con Rivas y Zavala.

En 1933, proyectará la Central Térmica de la Ciudad Universitaria: el arquitecto que trabajó en proyectos numerosos e importantes, dominando perfectamente todas las técnicas que hacen posible la realidad de la Arquitectura, con una obra conocida y amplia realizada antes de la guerra civil, y con otra más extensa y anónima en su trabajo posterior, fuera de España, va a ser conocido fundamentalmente por las nuevas generaciones como autor de esa pequeña gran pieza que es la Central Térmica. Ésta, por contraste, ni siquiera aparecía en los primeros planos generales que se hicieron a raíz de la construcción del conjunto.

La postura de los críticos, que han identificado al arquitecto con esta obra, sin analizar el resto de su trabajo, ha estado quizás algo desenfocada.

Carlos Flores, en su "Arquitectura Española Contemporánea" de 1961, del mismo que lo hizo con el Fígaro de López Delgado, no sólo no la valora sino que ni siquiera la cita. Posteriormente, en su "Guía de la Arquitectura de

Madrid", hecha con Eduardo Amann de 1967, dirá de ella que es la obra "más auténticamente de vanguardia de cuantas fueron construidas en la Ciudad Universitaria antes de 1936."

Oriol Bohigas, en su "Arquitectura Española de la Segunda República", la plantea "con un carácter polémico que tuvo en su momento", atribuyéndole así un carácter que nunca tuvo.[10]

El edificio es planteado por Sánchez Arcas como la resolución formal de un problema funcional sencillo, sin voluntad de introducir ninguna novedad conceptual, y con un resultado plenamente acertado. Esta pieza arquitectónica, con gran capacidad de sugestión, ha sido tomada a veces como edificio que resume el espíritu de la Ciudad Universitaria, y se ha mitificado.[11]

En 1933, construyó, con Eduardo Torroja como ingeniero, el mercado de Algeciras, donde arquitectura y estructura son una misma cosa. La planta, de gran sencillez, se cubre con una superficie laminar unitaria en forma de casquete esférico, apoyada en ocho pilares, con 47,60 metros de diámetro y 9 centímetros de espesor. La diafaneidad espacial interior del mercado, es de sorprendente luminosidad. El ambiente de gran delicadeza, en contraste con el trasiego normal del uso a que se dedica, hace que en la visita directa al recinto, hayamos confirmado la enorme calidad de un espacio que se apoya constructivamente en elementos de tanta sencillez. Es un espacio muy hermoso.

También en 1933, José Manuel Aizpurua, le invita a colaborar en el concurso para el Hospital de San Sebastián. El dominio del tema hospitalario, por parte de Sánchez Arcas, es confirmado implícitamente con esta llamada de Aizpurua.

La relación del proyecto de San Sebastián con el Hospital Clínico es tan directa, que es fácil constatar la identidad de muchas partes de las plantas de ambos proyectos. Este proyecto, concienzudamente estudiado, queda en segundo lugar frente al proyecto del arquitecto Urcola y sus colaboradores. Los arquitectos editan un folleto ampliamente ilustrado con la "Memoria del Anteproyecto del Hospital en San Sebastián", donde, exhaustivamente, explican la génesis y el funcionamiento técnico del edificio. Fallado el concurso, elaboran una detallada respuesta al jurado, donde rebaten a Bergamín y a López Albo, como, miembros del Jurado.[12]

Junto a la realización de estos proyectos, despliega una intensa actividad, en publicaciones y conferencias, donde generalmente desarrollará temas de tipo técnico.

El curso 1934-35, publicada por el Instituto Técnico de la Construcción y la Edificación en su "curso de conferencias", hablará de "Sistemas prácticos de iluminación natural". Organizado por la A.P.A.A., en la sala de conferencias de la Residencia de Estudiantes, será el único arquitecto que hable en esta serie de conferencias sobre edificios sanitarios (en ella, tomarán parte el Dr. Cardenal y el Dr. Jiménez Díaz).

Es designado, en 1933, arquitecto director de los Museos Nacionales de Historia Natural, Museo Arqueológico y Jardín Botánico de Madrid.[13]

En 1935, se presenta, con Calzada, Ruiz Olmos y Díaz Sarasola, al IV Concurso Nacional de Arquitectura, con un Anteproyecto para un Museo del Coche y del Arte Popular.

A raíz de la guerra civil, Sánchez Arcas, pasará a la URSS, donde su actividad de arquitecto será compleja.[14]

"Es colaborador de la Academia de Arquitectura de la URSS. En su deseo de hacer algo útil ha escrito "Historia de la Arquitectura española". En la Academia, produjo una gran impresión. La elogiaron mucho y prometieron publicársela. Después, le dijeron que la guerra no permitía la edición de libros de elevado costo. Y, al poco tiempo, sus ideas y los materiales que figuraban en su historia, comenzaron a aparecer en la revista de "Arquitectura Soviética", en largos trabajos con carácter más de tesis que de historia. Y no los firmaba Sánchez Arcas; las firmas eran de sus compañeros soviéticos de la Academia de Arquitectura. Ha hecho también el proyecto de un refugio antiaéreo que le ha valido muchas felicitaciones del Jefe de la Sección correspondiente; funcionario a las órdenes del Jefe de Defensa de Moscú. Sánchez Arcas estaba contentísimo, creía haber hecho algo útil y sentía la alegría y el legítimo orgullo de haber contribuido a la defensa del primer país socialista."

"A las pocas semanas, comenzó a construirse el refugio, pero firmado como autor del proyecto, no nuestro buen Sánchez Arcas, sino el Jefe de esa sección, que dependía del comandante jefe de la defensa de Moscú."

"Sánchez Arcas no comentó nada. Y va todos los días a la Academia".[15]

En esta época Sánchez Arcas escribe un libro sobre "Arquitectura española", que publica y edita la Academia de Arquitectura de Moscú.

En Moscú, junto con sus trabajos en la Academia de Arquitectura, realiza proyectos de refugios antiaéreos, fortificaciones y obras de defensa.

En 1941, y con las tropas alemanas a 20 km de Moscú, es evacuado a los Urales, a la ciudad de UFA, donde, hasta el año 43, pertenecerá a la "oficina estatal de Proyectos", donde realizará proyectos "tipo", para Hospitales de heridos de guerra, adaptables a las diversas situaciones geográficas.

En el año 43 y hasta el 46, vuelve a Moscú a su Academia de Arquitectura.

En el concurso para la reconstrucción de Stalingrado, consigue un segundo premio.

Predominan en los Proyectos que entonces realiza, los de viviendas agrarias de tipo estándar, para zonas devastadas.

En el 46, se traslada a Varsovia, como embajador hasta que dimite en 1949. Pasa entonces a la oficina de Proyectos adjunta al Ministerio de Sanidad de Varsovia.

Hace para esta oficina, entre otros, un Proyecto para el Instituto de Hematología y un Hospital infantil para 200 camas, en Varsovia, construido.

Realiza numerosos centros sanitarios, pequeñas clínicas y hospitales para las aldeas, según un Plan General de dicho Ministerio de Sanidad.

En el año 68, se traslada a Berlín, para trabajar en el Instituto de Historia y Arte de Construcción. Publica diversos artículos en revistas alemanas y algunos libros, como "La Ciudad y el Tráfico" y "FORM UND BAUWEISE DER SCHALEN".

En los últimos meses de su vida, consigue el pasaporte para venir a España, deseo que no pudo ver realizado, pues muere en Berlín el 5 de febrero de 1970.

En estos años después de la Guerra Civil Española, su actividad arquitectónica, extensa y sumida en un voluntario anonimato estuvo específicamente dedicada a la arquitectura hospitalaria que siempre dominó.

No actuó directamente, como algunos críticos han indicado, en la conocida reconstrucción de la ciudad de Varsovia.

Fue un arquitecto, de gran calidad, con enorme sentido profesional y con una excepcional capacidad de trabajo. La coherencia de su pensamiento le llevó a ese peregrinar constante que fue su vida. Su manera de entender la arquitectura, hasta ahora poco analizada y valorada, ha influido más de lo que puede parecer a primera vista, en toda la arquitectura española de la posguerra.

De él, se podría decir, que, además de ser un buen arquitecto, lo que él ponía en boca de Atkinson en su respuesta a la Gaceta Literaria:

"Era un hombre bueno y un caballero."

NOTAS

1 Respuesta de Sánchez Arcas al cuestionario de "La Gaceta Literaria" 15 de abril de 1928

2 Revista "Arquitectura". Madrid. Marzo 1926, pp. 108

3 Revista "Arquitectura". Madrid. Marzo 1926, pp. 109

4 Comenzada la construcción del Instituto de Física y Química de la Fundación Rockefeller en enero de 1929, y terminada en agosto de 1931, se inaugura oficialmente en febrero de 1932.
Se publica en la revista "Obras" (año II, número 7), en abril de 1932, donde Sánchez Arcas explica detalladamente el edificio y sus instalaciones.
En el "Anuario de la Universidad de Madrid", de 1933, se da cuenta detallada del edificio en las páginas 327 a 331.

5 Aunque el proyecto para el Hospital de Español de la Beneficencia en Méjico no aparece en las revistas de la época, hemos encontrado una referencia gráfica en el libro de B. Giner de los Ríos "50 años de Arquitectura Española" (Ed. Pegaso, Méjico).
Se atribuye allí a M. Beltrán de Quintana. El error es similar al de la atribución que en la página 96 hace Giner de los Ríos, a Sánchez Arcas, como autor de la Facultad de Filosofía y Letras, conocida obra de Agustín Aguirre.
La autoría del arquitecto en ese edificio, queda perfectamente clara.
Curiosamente, en la reedición del libro, muy difundida, hecha por Adir Editores, en su colección Archivos y Documentos, de Madrid, 1980, se reproducen los mismos errores.
Hubiera sido de desear que, dado que se ha variado la edición (las fotografías se han sustituido por unos deficientes dibujos a línea), estos errores, tan manifiestos, hubieran sido corregidos.
J. Arnal, el arquitecto que colabora con él en esta obra, participará ese mismo año de 1929, ya desde Méjico, en el Concurso Internacional del Faro de Colón.
(Ver revista "Arquitectura", junio 1929. pp. 240)

6 Del "Hospital de Toledo" se conserva en la Biblioteca de la Escuela T.S. de Arquitectura de Madrid, un interesante documento. Se trata de un completo álbum de fotografías originales, realizado con motivo de la construcción del Hospital (constructor: Gutiérrez Criado), donde, a través del abundante material gráfico, queda detalladamente descrito el edificio.

7 Eduardo Navarro Pallarés Revista "Arquitectura", n° 204-5 Madrid. Primer Cuatrimestre de 1977, pp. 16

8 En cuanto al Hospital Clínico, Oriol Bohigas en su libro "Arquitectura Española de la Segunda República" lo fecha entre 1934 a 1936. Los planos originales evidencian que esta obra es de 1931.

9 Revista "AC" / GATEPAC n° 10. Segundo trimestre 1933, pp. 24 y 25

10 La fachada de la Central Térmica se utilizó como tema central del cartel con el que el Colegio Oficial de Arquitectos de Madrid, anunciaba la exposición que dedicó a Luis Lacasa en 1976.

El edificio pertenece, sin ningún género de dudas, a Sánchez Arcas, sin haber intervenido para nada en él, Luis Lacasa. La estructura era de Eduardo Torroja.

[11] En Julio de 1975, se proyectó y luego se realizó, una renovación de la calefacción de la Ciudad Universitaria, actuando sobre la Central Térmica.
El proyecto del Arquitecto Alfonso García Gordillo, aún con gran respeto por la edificación primitiva (que ya había sufrido variaciones después de la guerra), introduce algunos elementos formales nuevos.
Por una parte, quizás hubiera sido posible realizar dicha renovación, sin tocar para nada la existente, haciendo una distinción clara respecto a la ampliación que se introdujo.
Pero, por otra, la arquitectura desarrollada por Sánchez Arcas, sin marcar unas líneas conceptuales rígidas, ofrecía la posibilidad de actuar sobre una obra que se presentaba como "abierta" formalmente.
Para los que no conocieran minuciosamente el proyecto primitivo, es difícil saber actualmente cuáles son las partes añadidas.

[12] Del interesante folleto, se conserva un ejemplar en la Biblioteca de la ETSAM, en una caja de las llamadas de "libros raros".
Editado con sencillez, pero con gran cuidado, explica detalladamente el tema del concurso.
Se edita en 1933 en Artes Gráficas Faure. C/ Abascal 35. Madrid.
Lo firman S. Arcas, Lagarde, Labayen y Aizpurua.
Incluye 21 fotografías de una maqueta con el estudio del soleamiento. Plantas, alzados, y axonometrías en portada y contraportada.

[13] Se da noticia de ello en la revista "La Construcción Moderna" Madrid. 1 de Diciembre de 1953, p.p. 29

[14] Los datos biográficos, a partir de su salida de España, de Sánchez Arcas, nos fueron facilitados por su hija, María Sánchez Arcas.
Entre la documentación que nos facilitó en aquella ocasión, figuraban interesantes testimonios de la relación del arquitecto con primeras figuras del mundo de la cultura: Pablo Picasso, Eluard, Neruda, etc.

[15] Enrique Castro Delgado "Mi fe se perdió en Moscú". Ed. Luis de Caralt. Barcelona, 1964

Quiero agradecer a María Sánchez Arcas, hija del arquitecto, su amable acogida el viernes 12 de junio de 1981, en su casa de la calle Velázquez de Madrid, y su interesante conversación, con innumerables datos sobre su padre y los valiosos documentos que pude consultar.

LA LUZ QUE CONSTRUYE EL TIEMPO Y EL ESPACIO
Sobre la Arquitectura de Adolf Appia

Suena en el aire la perfectísima voz de la Callas: *Ho visto il figlio sul materno seu*, interpretando a Kundry en la grabación de un Parsifal sublime que la soprano interpretaba al comienzo de su carrera en los 50. No puede ser fondo más adecuado para escribir sobre Adolf Appia, que a sus veinte años se conmueve con la representación del Parsifal que ve precisamente en Bayreuth y para la que después dibuja unos preciosos carboncillos.

Podría ser un atrevimiento para un arquitecto escribir sobre un escenógrafo, pero ya decía Le Corbusier que la Arquitectura es "el juego magnífico de los volúmenes bajo la luz". Y ¿qué son sino eso lo que obstinadamente y con una mente preclara propuso Appia durante toda su vida? Arquitecturas despojadas, espacios esenciales animados por la luz: espacios fuera del tiempo.

Tan esenciales, tan despojados, tan casi nada son que se diría que asemejan ruinas. Como bien apunta el profesor Martínez Roger al describir las estrategias de Appia: "se encamina hacia una simplifacción y estilización cada vez más severa, un camino hacia la abstracción, donde la forma primará sobre el objeto. Esos espacios cada vez más austeros cimentan su credo en la base arquitectónica de las culturas primigenias que configuran el poso del saber en Occidente, desde la antigua Mesopotamia hasta Pompeya. Del Zigurat a la calzada romana. Y todo ello sugerido, todo ello atemporal". En esos términos a veces intento transmitir a mis alumnos cómo la Arquitectura que yo llamo esencial está en esas claves. Cuando la Arquitectura se despoja, se desnuda de todo lo accesorio, lo temporal, queda sin nada frente a la luz revelándose su plena belleza espacial. Lo que tan bien expresaba el arquitecto Melnikov, autor del Pabellón de Rusia en la Exposición de París de 1925, al final de su vida: "Habiendo llegado a ser mi propio jefe, convencí a la Arquitectura de que se despojara de sus vestiduras de mármol, se lavara su maquillaje y se revelara como ella misma, desnuda como una diosa, grácil y joven. Y que dejara de ser complaciente y agradable, como corresponde a la verdadera Belleza".

Y desde la óptica de la Arquitectura las plataformas y los volúmenes de Appia nos evocan algunas de las propuestas de Mies van der Rohe. Hay una conocida imagen de Mies ya al final de su vida sentado en calma en las gradas de Epidauro que parecen levantadas por Appia.

Tras una conversación con Martínez Roger convinimos en que era posible que se hubieran conocido los dos maestros, tan cerca estaban. Mies nació en 1886, 24 años más tarde que Appia. Y pensamos que era posible que la primera edición, en alemán, de "La música y la puesta en escena" estuviera en la selecta biblioteca de Mies, pues este libro de Appia aparece el 30 de marzo de 1899 en Munich publicado por Hugo Bruckman. Sin tener datos fehacientes para avalar tal posibilidad, es sorprendente ver en algunas obras de Mies tantas coincidencias. El mismo año 1928 en que muere Adolf Appia,

Mies van der Rohe construye dos obras básicas para la historia de la
Arquitectura en las que el tema del podio es protagonista: el Pabellón de
Barcelona y la Casa Tugendhat en Brno.

El establecimiento de un basamento es una buena manera de plantear la
arquitectura: sitúa al hombre en alto, sobre el plano resultante de la consoli-
dación del terreno a través del podio. O con palabras de Semper, construyendo la parte estereotómica de la Arquitectura. Se recogen las ideas de
Semper, el arquitecto que precisamente levantara para Richard Wagner el
teatro de Bayreuth, tan ligado por tantas circunstancias a Appia. Tampoco
resultaría extraño el que "Los cuatro elementos de la Arquitectura" (Die vier
Elemente der Baukunst), que Semper publica en 1851, hubiera en algún
momento caído en manos de nuestro escenógrafo.

Recuerdo bien cómo en 1993, cuando planteé una rotunda solución para el
concurso de la Filarmónica de Copenhague, algunos arquitectos me
apuntaron que aquello era "puro Appia". Debo reconocer que mi primer conocimiento del escenógrafo suizo tuvo lugar en 1994, a través del libro de Jörg
Zutter editado por Payot en Lausanne, en francés, que me regaló el mismo
arquitecto que me hizo aquella observación, Rik Nys. Visto ahora es evidente,
y podría parecer que algún dibujo de Appia como el "Espace rythmique", de
1909-1910, fuera una perspectiva de mi proyecto para la filarmónica danesa,
tan cerca estaba su mundo de aquel gran podio excavado al borde del agua.

Claro que algunos proyectos claves de la arquitectura moderna son o tienen
mucho de Appia. La Ópera de Sidney de Jörn Utzon, la obra más conocida
del maestro danés, bajo el despliegue de sus aladas cubiertas, contiene una
preciosa operación de basamento escalonado que desciende hacia el mar
que hubiera hecho las delicias de Appia.

O la genial Casa Malaparte en Capri que Adalberto Libera levantara al
alimón con Curzio Malaparte en 1938, 10 años después de la muerte de Appia.
Un muelle de los sueños abierto sobre el mar Tirreno. Aquel mismo Capri en
el que Appia estuviera en 1900.

O todas las obras de Adolf Loos (1870-1933), al que también debería haber
conocido Appia. Pues no sólo coincidió con el arquitecto vienés en el tiempo
sino en la manera de entender el espacio. Tengo ante mí una imagen de la
casa Möller, de 1928, que cualquiera diría que es del mismísimo Appia. Lo que
resume muy bien Benedetto Gravagnuolo en su libro definitivo sobre Loos
donde resalta en su arquitectura "el deseo de silencio y la gradual elimina-
ción de la mediación entre el lenguaje y las cosas, para volver a una suerte
de 'primera denominación' en la que las cosas mudas hablan". Tan aplicable a
Appia.
Todos los ejemplos y maestros de la Arquitectura traídos aquí a colación y

muchos más no hacen más que corroborar este fuerte aroma arquitectónico
de Appia que tan bien ha sabido expresar Martin Dreier, el historiador de
teatro, cuando escribe "La plataforma es arquitectura o paisaje arquitectura-
do. A las leyes de la música, estructurando tiempo y duración, corresponde
una 'plantación', una 'topología': para el intérprete, mil posibilidades nuevas
de despliegue espacio-temporal. Esta escenografía debe representar una
realidad imaginada, precisamente idea, que se limita a lo esencial: ya está
bien de la imitación servil de la naturaleza". Lo que se deduce una y otra vez
cuando se bucea en los muchos dibujos de Appia que son puros ejercicios de
Arquitectura.

Y la luz. ¿Cómo podríamos hablar sobre Appia sin hacerlo sobre la cuestión
que él consideraba central? He escrito por activa y por pasiva que la luz es
con la gravedad la materia central de la Arquitectura. La gravedad que
construye el espacio y la luz que construye el tiempo. Appia en sus teorías
adjudica el tiempo a la música y el espacio a la luz. No en vano son escenarios lo que él levanta. Lo mismo que hacemos los arquitectos. Pues Appia
nos plantea que el alma del teatro moderno es la luz.

Hay dos dibujos correlativos de Appia de 1909 que, siendo especialmente
sencillos, a mí me parecen fascinantes. Son los titulados "Espace
Rythmique", el primero "Avant qu´une main invisible ouvre la porte" (Antes
que una mano invisible abra la puerta) y "La porte ouverte" (La puerta
abierta) el segundo. Pues les brindo a ustedes la siguiente "boutade".
Imagínense que la mancha de luz que atraviesa la puerta abierta y se materializa en el suelo, fuera moviéndose en el transcurso de la representación
con el mismo ritmo con que el sol se mueve cada día. La luz en movimiento.
¿Qué diría Appia si lo viera? Y es que la luz en movimiento, con la música,
como él quería, construye también el tiempo.

DENSA ARQUITECTURA
Sobre la Arquitectura de Jesús Aparicio

Me acordaba de Jesús Aparicio al leer "Six memos for the next millenium"[1] cuando Italo Calvino describe en el primer capítulo un cuento de Bocaccio y atribuye a su protagonista, Guido Cavalcanti, una virtud, la gravedad, que es profundidad en el pensar y que es para Calvino, y también para mí, objeto de esperanza para el futuro.

Pues con esa profundidad de pensamiento y con una enorme fuerza en su materialización es como levanta su arquitectura Jesús Aparicio, uno de los más dotados arquitectos jóvenes españoles de este ya siglo XXI. Tanto por la especial densidad de los materiales que emplea, como el hormigón armado vertido in situ o las gruesas chapas de acero, como por el modo en que los utiliza, con grandes espesores y generosas embocaduras. Y de ese mismo modo, con espesura, trabaja con la luz y la sombra, su material favorito. En sus últimos escritos pone énfasis en el valor de esas sombras que hacen posible trabajar con la luz.

Sus obras, realizadas con pausa, tienen la capacidad de transmitirnos la fuerza y la inmensa serenidad con que han sido concebidas. Así lo han entendido las revistas más prestigiosas como Casabella o A+U cuando las han publicado.

Sus primeras viviendas de ladrillo y hormigón en Salamanca[2] son muy hermosas. Y magnífico su Hogar del Jubilado en Santa Marta de Tormes, del que nos da noticia en un precioso librito[3] donde se describe puntualmente todo el proceso de su génesis y su construcción. O un recién terminado auditorio contenido en una gran viga de hormigón armado que protagoniza un episodio de alta tensión espacial en los Nuevos Ministerios en el centro de Madrid, que Francesco dal Co alabó públicamente en Vicenza.

Ha recibido numerosos premios a sus no muy numerosas obras, que han sido expuestas en foros tan destacados como la Bienal de Venecia del año 2000.

Como cumpliendo los requisitos que la vida demanda, ha plantado árboles y ha tenido hijos y ha publicado un libro con sus ideas sobre la arquitectura que siempre recomiendo a mis alumnos[4]. Allí despliega aclarándolas algunas de las teorías aprendidas con Kenneh Frampton en los años en que estuvo con él como becario Fullbright en la Universidad de Columbia en Nueva York. Ha sido docente invitado en diversas Escuelas de Arquitectura como Roma, o Nápoles, o la AA de Londres. Pasa por ser uno de los más prestigiosos profesores de la Escuela de Arquitectura de Madrid, donde empezó con Juan Navarro Baldeweg y es ahora Profesor Titular de Proyectos.

Tiene en sus manos todos los instrumentos, como la sabiduría, la inteligencia y la constancia, para seguir abriendo una brecha profunda en la arquitectura contemporánea. Por encima de las modas entiende con profundidad nuestro tiempo y lo destila en una arquitectura de incontenible fuerza.

NOTAS

[1] Italo Calvino. "Six memos for the next millenium" Vintage Ed. Nueva York, 1993

[2] A+U 351. (portada y págs 112-119). Tokio, 1999

[3] Jesús Aparicio "Hogar del jubilado. Santa Marta de Tormes" Ed. Ayuntamiento de Santa Marta de Tormes. Salamanca, 2003

[4] Jesús Aparicio "El muro" Ed. CP67 y Universidad de Palermo Buenos Aires, 2000

[1] Italo Calvino. "Six memos for the next millenium" Vintage Ed. Nueva York, 1993

[2] A+U 351. (portada y págs 112-119). Tokio, 1999

PLIEGUES DE LUZ
Sobre la Arquitectura de Juan Carlos Sancho y Sol Madridejos

Juan Carlos Sancho y Sol Madridejos están en la proa de la vanguardia del grupo de jóvenes arquitectos de Madrid. Y desde hace varios años tienen voz propia e influyente en la Arquitectura Contemporánea. El aroma Sancho-Madridejos es claramente reconocible. Sus delicadas deconstrucciones o los pliegues con los que conforman las formas que contiene el aire de su arquitectura son, además de singulares, muy personales y de una enorme belleza.

Pudiera parecer un recurso literario citar su intenso contacto y amistad con Eduardo Chillida, el gran escultor vasco que tan bien templaba el aire con sus hierros y sus alabastros. Muy cercanos a él, compartiendo ese sutil movimiento de los ángulos capaz de tensar los espacios trabajados, podríamos adjudicarles esa común pertenencia al País Vasco con todo lo que de radical, de raíces, tiene esa adscripción. Pareciera que la potencia de las fuerzas de la naturaleza que ahí se dan en su sentido más primigenio, empaparan toda la obra tanto del maestro Chillida como la de nuestros arquitectos.

Y si ya sus primeras obras merecieron la atención de la crítica[1], no dejan de aparecer en los libros y revistas de arquitectura. El Croquis, la publicación española más influyente, ha puesto reiteradamente su mirada en ellos. En un reciente número[2] aparecían algunas de sus últimas obras muy bien presentadas: desde el rotundo pabellón docente de La Arrixaca, una caja excavada y llena de "oro en polvo"; hasta el polideportivo de Galdácano, donde siguen investigando temas ya iniciados en el polideportivo de San Sebastián de los Reyes; o la capilla en Valleacerón, que sólo ella hubiera merecido un número monográfico, tan de primera es. Y también aparecen en esta publicación el rompecabezas lleno de luz que han empezado a construir para el Museo de Arte Contemporáneo de Alicante, resultado de un primer premio de un concurso público.

¿Cómo es y cómo se siente la arquitectura de Sancho-Madridejos? Nunca olvidaré la experiencia conmovedora de visitar su capilla en Valleacerón: un temblor de hormigones, como un pañuelo planchado y plegado en el que la escala, la luz, el material, el lugar, todo, estaba "clavado". Siendo pequeño parecía grande, tan ensanchaba el alma su contemplación. Siendo hormigón pesante se diría que flotaba en el aire. Siendo oscuro era de una claridad cegadora. Siendo un objeto posado, era a la vez el terreno mismo que se hubiera plegado tras un arcano movimiento sísmico. Puedo dar fe de que ha sido uno de los espacios arquitectónicos que más me han removido. Un pliegue ejemplar. Y ahora se disponen a levantar una iglesia grande tomando como tema un pliegue de mayores dimensiones, con palabras mayores.

Ambos arquitectos son profesores de Proyectos en Madrid, y de la calidad de su docencia da fe el grupo de alumnos formados con ellos que ya empiezan a emerger con voz propia. Y se reconoce siempre algo de pedagógico en su arquitectura. Sus ideas las han traducido en textos ampliamente difundidos: "El sentido cubista de Le Corbusier", publicado en el año 2000,[3] se complementa con otro libro del 2001, en el que mezclan textos e imágenes de sus obras con el expresivo título de "Suite en 3 movimientos",[4] donde escriben sobre el Vacío, el Tono y el Pliegue. Donde consiguen materializar el "silencio sonoro" de John Cage al que siempre se refieren. Todo un manifiesto escrito y construido.

Arquitectos capaces de sustanciar el vacío con la plenitud de sus espacios. De emocionarnos con su tono callado, de atraparnos y conmovernos envolviéndonos en los pliegues de luz de su arquitectura maravillosa.

NOTAS

[1] AA.VV. Intr. Kenneth Frampton "Young Spanish Architecture". Madrid, 1985.

[2] "El croquis" 106/107. Madrid, 2001.

[3] Juan Carlos Sancho Osinaga. "El sentido cubista de Le Corbusier". Ed. Munilla Lería. Madrid, 2000.

[4] Sancho-Madridejos "Suite en 3 Movimientos". Ed. Rueda. Madrid, 2001.

VISIBILITY
Sobre la Arquitectura de Emilio Tuñón y Luis Moreno Mansilla

Cuando incluí en el libro "Young Spanish Architecture", que edité en 1985 ¡hace ya 20 años!, el nombre de Emilio Tuñón, que ya había hecho una preciosa capilla en Alcalá, algunos lo criticaron, pues les pareció que era apostar demasiado fuerte. Tan joven era nuestro arquitecto. Tan buena era aquella obra primera. Pues parece que no iba tan desencaminado. No sólo ha seguido una trayectoria ascendente sino que ahora, con Luis Moreno Mansilla, hace una arquitectura tan buena que podemos decir que tienen voz propia y potente. Tuñón y Mansilla forman parte de los arquitectos que están construyendo el futuro de la arquitectura de este milenio estrenado hace poco.

Emilio Tuñón y Luis Moreno Mansilla son arquitectos que piensan. Y publican sus pensamientos. Es habitual leer textos suyos en los principales medios de arquitectura. Y alientan a los demás a pensar: son los promotores del mejor "fanzine" de arquitectura que sigue vivo y que se llama Circo. Me han hecho el honor de llamarme y publicarme en él algunas veces. Y han superado hace tiempo el número cien. Este Circo es un foro muy eficaz de pensamiento arquitectónico, donde publican desde James Turrell a John Hejduk, desde Josep Quetglas hasta Sancho-Madridejos, desde Rafael Moneo hasta Stan Allen.

Ambos son ya profesores titulares de universidad y huelen a futuros catedráticos, pues pertenecen a la generación del relevo.

Su filiación con Rafael Moneo, con el que ambos han trabajado unos años, es clara. Pero esa justa admiración por el maestro, no les lleva a ninguna actitud clónica. Han aprendido de él todo lo mejor que tiene, que es mucho. Y ahora ellos solos hablan con voz propia y alta y fuerte en el mundo de la Arquitectura.

Plantearon en León un auditorio oscuro, como una "cámara oscura", que es bellísimo. Tan bueno que fue Premio de Arquitectura Española 2003, el máximo galardón que se concede anualmente a una obra de arquitectura en España. Con una planta clara y sencilla, destacaba el jurado del concurso para este auditorio el acierto de la inserción de la pieza absolutamente moderna en un casco histórico como el de la ciudad de León. Y terminaban sus elogios hablando acertadamente de la "brillante sensibilidad de una partitura musical compleja y lúcida". Y si he apuntado que su interior es como una "cámara oscura", su exterior, para no ser menos, manifiesta una fachada que pareciera una acumulación de objetivos de cámaras fotográficas en diferentes posiciones respecto al entorno. Como diafragmas abiertos que parecen mirar expectantes al Hostal de San Marcos que está frente a ella. Lo que ellos denominan "cabeza de león". Bellísimo.

En el museo de Castellón el tema espacial principal es una sección en cascada que muestra la concatenación de espacios en diagonal apoyados por

la luz, con lo que logran unos efectos espaciales perspectivos de gran
eficacia.

Y también ganado por concurso, la Biblioteca y Archivos de la Comunidad de
Madrid en la antigua Fábrica de Cervezas de El Águila, donde coordinan una
serie de cajones a cual más interesante en una inteligente operación de gran
complejidad.

Es su arquitectura reconocible y capaz de ser recordada por sus espacios y
su luz, más que sólo por esas imágenes de Joseph Beuys con el que siempre
acompañan los concursos que siempre ganan.

Son Tuñón y Mansilla una pareja de arquitectos que estando de moda nunca
son esclavos de ella. Estando muy al día, a *la páge*, su arquitectura no deja de
ser además de ágil e incisiva, profunda. Profundamente hermosa.

EXCAVANDO EL AIRE
Sobre la Arquitectura de los Aires Mateus

Cité un proverbio nazarí cuando por primera vez escribí sobre la arquitectura de los hermanos Aires Mateus: "Para hacer una casa se recoge un puñado de aire y se lo sujeta con unas paredes". Pues es, nada más y nada menos que eso, sujetar el aire, lo que hacen estos arquitectos en todas sus obras.

Su última obra en construcción, muy brillante, el hotel Park Hyatt en Dublín, no es nada más y nada menos que una rampa para llenar el aire, y con el aire de luz, todas y cada una de sus habitaciones. Como un puzzle de luz y de sombra. O mejor dicho, como un sólido que se excava trozo a trozo, hueco a hueco.

Porque ésa es la línea en que en los últimos proyectos se encuentran nuestros arquitectos. Pareciera que excavaran siempre un sólido capaz buscando intersticios para meter la luz de una manera misteriosa.

Si en la maravillosa casa en Alenquer todo el aire y la luz inundaban sus espacios, en las últimas obras parece que quisieran comprimirlo, como tensando aún más la luz con la oscuridad, con la sombra.

Las últimas casas son todas una colección de cajas llenas de cajas. Como si de un juego de matriuskas rusas se tratara. Y aunque la figura retóricamente es válida, no lo es aquí por cuanto lo fundamental en las operaciones espaciales de los Aires Mateus es precisamente el aire "entre" las cajas contenidas y la caja continente. Con el mismo espíritu con el que Bernini colocó el baldaquino de San Pedro para resolver aquel espacio demasiado grande y desvaído. Que así quedó gloriosamente tensado.

La casa en Alvalade, caja repleta de cajitas, de llenos y vacíos; la casa en Alentejo, más sencilla; o la casa en Setúbal, donde el juego se sofistica colgando las piezas en alto en una danza cuasi escultórica. Y luego las casas de Sesimbra, la de Arrabida y la de Alcácer, como una catarata de variaciones bachianas a lo Goldberg sobre un mismo tema.

Dos proyectos mayores, el Centro Cultural de Sines y la sede de la Orquesta Metropolitana de Lisboa, plantean, esta vez con tono mayor, el tema de las cajas. En los dos, la precisión y la sugerencia de los espacios concatenados.

Todavía muy jóvenes, Manuel 40 y Francisco 39, están, en plena sazón, dispuestos a comerse el mundo. Su entusiasmo cuando me enseñaban la caja de Alenquer corría parejo con el que insuflaban a su arquitectura con voluntad de permanencia.

Estuve en el jurado del premio europeo Luigi Cosenza en su primera convocatoria con carácter general tras la desaparición del Palladio. La opinión fue unánime cuando premiamos la Residencia Universitaria en Lisboa de los Aires Mateus.

Hay un grado grande de abstracción en todas sus arquitecturas. Como si no hicieran falta los detalles. Luego en directo están repletas de detalles "silenciosos" que no hacen más que potenciar la operación principal.

Siempre definen muy bien los límites. Es una arquitectura precisa. No es la de la tela de araña que preconizaba Siza, más misteriosa, más cauta. Estos portugueses son como más jóvenes, más arriesgados, más radicales. Se mueven en otra zona de ese mar amplio de la buena arquitectura portuguesa contemporánea, marcando su propio territorio.

Ellos son más nítidos. No toman el lugar como referencia para adaptarse a él, sino como un ingrediente (material del proyecto, dicen ellos) para ese nuevo producto.

En un magnífico texto analítico que Joáo Belo Rodeia escribe sobre ellos, apunta con certeza: "Lo más interesante de su obra es que el objeto de experimentación y lo que ambicionan, son claramente disciplinarios en el desafío a la corriente de normalidad nacional y de efervescencia internacional". Creo que es tan clara la posición, tan bien descrita por Belo Rodeia que casi podríamos aplicársela a todos los arquitectos jóvenes valiosos que se asoman en esta publicación.

Aquella misma efervescencia internacional y normalidad nacional de la que tan bien escaparon Mies y Le Corbusier en su momento. Un Mies que hace un pequeño pabellón que es lo único que ha quedado de aquella Exposición Universal de Barcelona de hace casi un siglo, frente a tantos pabellones tremendos de los "efervescentes" de entonces. O el pequeño pabellón de *L´Esprit Nouveau* de Le Corbusier para la Exposición *Art Decorativ* de París de 1925 donde ocurría algo parecido.

No adoptan nuestros jóvenes arquitectos portugueses, otra vez con palabras de Belo Rodeia, "superfluos ropajes de contemporaneidad". Son, se empapan, de nuestro tiempo pero no se dejan arrastrar por las modas. Intentan y lo consiguen, retener el tiempo, permanecer; y con ellos, hacer que su arquitectura permanezca.

LESS IS MORE?, MORE WITH LESS, MORE WITH LIGHT!
Sobre la Arquitectura de Vincent van Duysen

Sólo suelo escribir sobre los arquitectos cuya arquitectura me interesa y que me parece que vale la pena. Y la arquitectura de Vincent van Duysen bien merece la pena. Aun siendo todavía muy joven, 45 años es una edad bien temprana para un arquitecto, las obras que ha construido tienen la cualidad, para mí esencial, de ser capaces de "permanecer en el tiempo". Siendo rabiosamente actuales, no se alimentan de la arbitrariedad y el capricho con que se llenan hoy día la mayoría de las revistas de Arquitectura de moda, que parecen más revistas de moda que de arquitectura. Las obras de Vincent van Duysen son obras a la vez que rigurosas y lógicas, muy hermosas.

¿MINIMALISTA?, NO GRACIAS.

Antes que nada tendré que decir que, en mi opinión, y quizás en la de van Duysen también, a pesar de que le incluyan en todas las listas de minimalistas, su arquitectura no es minimalista sino algo distinto, mucho más profundo. Convertir el "less is more" miesiano en un "more with less" como yo ya he escrito tantas veces, y como yo entiendo que es la Arquitectura de van Duysen, es algo muy distinto al dichoso minimalismo.

Para mí los minimalistas son aquellos que no sabiendo qué decir, se callan. Y en su misterioso mutismo, con sus gélidos espacios crueles y duros pretenden hacernos creer que aquello es algo interesante. Como la mala poesía. Pero nada más lejos de la realidad.

La buena poesía, la poesía de verdad, lejos de ser un "minimalimo de la literatura" es la fascinante capacidad de conseguir con pocas palabras justas y precisas llevarnos al campo de la Belleza más sublime, capaz de conmover profundamente nuestro corazón a través de la cabeza. Como Shakespeare o San Juan de la Cruz. Pues así la arquitectura del "más con menos". Nada más y nada menos, que no es poco. ¿Lo entenderán algun día los dichosos críticos? Pues Vincent van Duysen no es ni más ni menos que eso: un poeta y muy bueno de la Arquitectura actual.

CERCA DEL CIELO. Penthouse and Office in Antwerpen.

La Casa-Estudio como si fuera la cabeza de ese edificio, en todo lo alto, expresa con toda claridad cómo frente a la arquitectura antigua que necesita inclinar sus planos para eliminar el agua y la nieve por gravedad, la arquitectura moderna propone una solución más racional.

La arquitectura nueva nos hace el regalo de poder construir el plano más alto como plano maravilloso, abierto al cielo, al sol y a la visión del paisaje en una posición privilegiada. Una lección bien aprendida de Le Corbusier.

La Arquitectura contemporánea y Vincent van Duysen y muchos arquitectos más, trabajamos con otros elementos. El acero, el vidrio transparente plano en grandes dimensiones y las impermeabilizaciones sintéticas no sólo han desterrado hace tiempo a los tejados sino que hacen posible un trabajo profundo sobre el espacio que se abre al cielo.

Y es que la arquitectura nueva, aquella del *esprit nouveau* del que hablaba el viejo Le Corbusier, parece a veces que sigue inédita. Cuando desde lo alto de mi terraza en Madrid, como si estuviera en el cielo, diviso los muchos planos últimos sin utilizar, vuelvo a sorprenderme.

Los espacios que Vincent van Duysen consigue en lo más alto de su edificio, son especialmente interesantes. Son como "manifiestos" de la transparencia y de la radicalidad más gloriosa.

COMO JIRAFAS. Concordia Textiles Waregen.

Si nos ponemos frente al estupendo edificio de los Concordia Textiles Waregen, que parece construido hoy mismo, imaginamos que las cajas más altas, tan bien ordenadas, alzan sus cuellos como jirafas para atrapar la luz de lo alto, con un ritmo bien calculado, bien acordado.

Para un arquitecto, el ritmo entendido como control de la dimensión y de la proporción, como la Euritmia lo entendió siempre, sigue siendo importante. Y parece que Vincent van Duysen lo persigue y lo consigue. Las cajas altas del Concordia, por una parte sirven para tomar la luz y por otra para crear dilataciones en espacios verticales interiores de gran calidad. Conjunción indisoluble de la luz y del espacio: pura arquitectura.

UN PEDAZO DE CIELO. Sanctuary Sint-Niklaas

Y ¿qué podría yo decir de este luminoso pedazo de cielo que es el Santuario de San Nicolás?

La caja traslúcida, rotunda y poderosa parece desde fuera como una blanca nube geometrizada en blanco paralelepípedo. Una blanca nube posada en la tierra de la que en cualquier momento podría emerger un sonriente San Nicolás, feliz de habitar tan gloriosa morada.

El interior, muy hermoso muestra una clásica división entre lo estereotómico y lo tectónico. Aquella división tan clara propuesta por Gotfried Semper, recogida por Kenneth Frampton y que tantos hemos usado como mecanismo pedagógico en nuestras clases y en nuestra arquitectura.

La parte baja, ligada a la tierra, como excavada, material. Estereotómica. Para reposo del hombre.

La parte alta, ligada al cielo, luminosa y etérea, llena de luz y de aire. Tectónica. Para satisfacción del alma. La *satisfaction de l´esprit* que decía el viejo maestro.

Una caja divina, clara y luminosa que merecía haber sido construida.

Y TODO VAN DUYSEN

Podría seguir analizando todo la obra de van Duisen y la conclusión sería la misma. Desde el Block 20-02 de Beirut a la preciosa librería junto al Fashion Museum en la Nationalestraat. Desde sus limpios y escuetos diseños de muebles, hasta esa aguda Jaren Goh, sorprendente tostadora de pan. Desde el maravilloso loft en Mercer Street en Nueva York hasta su fascinante VVD house. Todo en van Duysen es de primerísima calidad.

Una arquitectura sencilla y clara, lógica e inteligente a la que cuadran bien las palabras de Konstantin Melnikov cuando se refería a su casa de Moscú: "Pudiendo ya hacer lo que me diera la gana, le supliqué a la Arquitectura que se despojara de una vez de su vestido de mármol, que se lavara el maquillaje y se mostrara como ella misma es: desnuda como una diosa, joven y grácil. Y como corresponde a la verdadera Belleza, renunciara a ser agradable y complaciente".

Vincent van Duysen, un verdadero arquitecto.

UNA ARCHITETTURA COME ME
Sobre la Arquitectura de Ignacio Vicens y José Antonio Ramos

Si hubiera que condensar en un sólo término la arquitectura de Ignacio Vicens y José Antonio Ramos, yo no dudaría en calificarla de culta. La vasta cultura que poseen como personas, como arquitectos y como docentes, impregna toda su arquitectura. Una arquitectura profundamente culta.

En uno de sus últimos libros, Saramago crea una certera imagen para expresar cómo gran parte de la creación de un artista que trabaja con las manos está en ellas. Y dice que tenemos "como pequeños cerebros en la punta de los dedos", queriendo expresar cuánto debemos no sólo al necesario pensamiento creador sino también a las manos que ejecutan aquellas sublimes órdenes. En el caso de los arquitectos es patente. A una idea brillante debe corresponder un desarrollo constructivo, manual, capaz de poner en pie aquella idea con la máxima potencia. En la punta de los dedos de Ignacio Vicens, no es que sólo haya pequeños cerebros. Son pequeños cerebros repletos de una enorme cultura.

Ya su primera obra publicada, una pequeña casa blanca en Almería, no era sólo un brillante ejercicio de arquitectura que algunos llamaban minimalista, sino básicamente una sabia lectura de las tipologías que la Historia le ofrecía en aquella antigua tierra romana: una casa patio.

Luego vino la casa de las Matas que fue durante muchos años su *pièce de résistance*. Una casa espléndida, esta vez llena de color y de recias texturas que se hace con el paisaje extendiendo sus brazos en todas direcciones. La casa no deja de permanecer en nuestra memoria.

La casa de las Encinas es su obra más premiada. Los fuertes incisiones de los cortes directos en la cantera hacen que la piedra vibre como peinada por la luz y por la sombra. Y más que la referencia a Moretti en su casa de la autostrada del Sole a mí me sugiere mejor, un *bugnato rustico* originado en la sempiterna admiración de Ignacio Vicens por Giulio Romano.

De las obras mayores, ¿son mayores las obras por su mayor dimensión?, a mí me gustaría destacar tres, dos construidas y una tercera, epifánica, a punto de construirse.

La Iglesia de Villalba, sobria y contenida, juega con astucia el juego de las escalas para conseguir que el edificio, callado, tenga una fuerte presencia. Saben bien los arquitecto cómo tratar la dimensión no muy grande del edificio para que parezca mayor.

La Facultad de Ciencias Sociales de la Universidad de Navarra, su edificio público más conocido, es un bellísimo ejercicio de luz. La contundencia del volumen exterior muy cerrado, contrasta y pone en valor la "promenáde architecturale" que se provoca en su interior de la mano de la luz. Es una obra de alta tensión espacial. Bellísima.

Y tengo para mí que el Auditorio de las Tres Culturas en Madrid, proyecto en el que ya llevan trabajando un largo tiempo, marcará una cierta "epifanía" de nuestros arquitectos. En esta obra tan sopesada, con dimensiones tan poderosas, se condensa y se expresa a la perfección todo lo que ellos piensan de la Arquitectura.

A mi cabeza viene la sombra de Bernini sobre ellos. No puedo dejar de citar aquí su bien conocida pasión por Bernini, que acude permanentemente a sus labios cuando de Arquitectura hablan a sus alumnos o a sus amigos. Tengo la seguridad de que si Ignacio Vicens hubiera acompañado en el "viaje del señor Bernini a París por ver de hacer el Louvre", Luis XIV no hubiera dejado de hacerles el encargo. Ni Mansart, el hermano del farmacéutico del rey hubiera hecho algo tan aséptico. Ni París, y el mundo con él, habría dejado de poner en pie aquella ondulante fachada maravillosa. Y Chantelou hubiera hecho una crónica muy diferente de los hechos.

La sombra de Bernini sobre esta gran obra de Ignacio Vicens y José Antonio Ramos, barroca en el sentido más profundo y positivo del término, puede llegar a leerse como una traducción ajustada de su pensamiento sobre la Arquitectura. Los bocetos y dibujos y maquetas innumerables y preciosas son un prometedor preludio. Las tres grandes salas que como manos abiertas se alzan expresivas al cielo, no sólo por su forma, son un reflejo de la contemporaneidad, sino también de los mismos arquitectos. Parece que fueran sus mismas manos abiertas. Que también hablan de su probada generosidad.

Y con los mismos registros podríamos hablar de los impactantes escenarios papales, o del edificio de la Plaza de España en Madrid, o de tantas cosas.

Y no querría terminar sin apuntar algo sobre la figura de Ignacio Vicens como uno de los más prestigiosos Catedráticos de Proyectos de la Escuela T.S. de Arquitectura de Madrid. Docente desde hace ya más de 30 años, goza de un gran predicamento entre los alumnos a los que entusiasma con su verbo arrebatado. Sus clases son toda una lección de cómo pedagógicamente se pasa con la mayor naturalidad de la Historia a los Proyectos, siempre a través del tamiz de la cultura desbordante, de su "querencia por la sabiduría", como diría J.A. Cebrián. Sus alumnos están orgullosos de él. Carlos Ferrater, testigo privilegiado, escribe que las clases de Ignacio Vicens son "encuentros apasionantes de arquitectura". Puedo dar fe de ello.

Cuando John Hejduck escribió un paradigmático artículo sobre la maravillosa Casa Malaparte en Capri del arquitecto Adalberto Libera, lo titulaba con un muy significativo *Una casa come me*. Quería así expresar la identificación del arquitecto con su obra. Pues así querría interpretar yo toda la obra y toda la labor docente de Ignacio Vicens y José Antonio Ramos. Con un expresivo *Una architettura come me* con el que me atrevo a encabezar este texto.

¡AY BARRAGÁN!
Sobre la Arquitectura de
Luis Barragán

Escribí uno de mis textos más inspirados "La Belleza misma", sobre
Barragán, que es de entre los arquitectos, uno de los que más admiro. ¿Al
que más? Lo hice para un pequeño gran libro editado por el Colegio de
Arquitectos de Cádiz con el aliento de Tomás Carranza y el empuje de Julio
Malo de Molina. Hablé allí de la luz y de la belleza, de los patios y de las
azoteas, y de tantas cosas del maestro.

La edición general se encuadernó en blanco, pues aquella bellísima colección
cambiaba de color con cada autor. Blanca la portada y blanca también la
cajita en que se enfundaba el libro de Barragán. Pero llegaron todavía a más.
Hicieron una edición de coleccionista encuadernada y enfundada en oro, en
papel dorado brillante. Deslumbrante. Por los dorados que Barragán con
Matias Goeritz había introducido en su casa y en el retablo de las monjitas
de Tlalpan.

Y le regalé un ejemplar de aquel libro maravilloso a Antonio Jiménez
Torrecillas, que es uno de los arquitectos, estupendos, con los que
comparto la devoción a Barragán. Un buen día, buscando el librito dorado
que hasta entonces estaba sobre su mesa, acabó encontrándolo en el dor-
mitorio de su madre, junto a una imagen religiosa. La asistenta, pensando
que era un libro "de misa" (un librito dorado) lo había colocado en el sitio
que ella creía más adecuado. Seguro que a Barragán le habría gustado
saberlo.

Escribir ahora un prólogo para otro libro sobre Barragán es un privilegio. Y
más con un texto tan riguroso como lo es el de la Tesis Doctoral de Antonio
Ruiz Barbarín que fue uno de mis mejores alumnos, y que además es un
magnífico arquitecto y un docente estupendo.

Y creo que es de justicia el resaltar aquí la vasta labor cultural de la
Fundación Caja de Arquitectos, con un eficaz equipo de gran calidad
humana. Con sus Becas y con sus Ediciones son un ejemplo de lo que
tendrían que hacer todas las instituciones que tienen que ver con los arquitectos y con la arquitectura.

De sus Becas y de sus excepcionales Becarios sigo recibiendo el inmerecido
regalo de seguir en su lista. Y todos los años siguen sus becarios viniendo a
trabajar conmigo. Todos de primera.

De sus publicaciones, lo mismo. Con más de una veintena de títulos en la
calle de sus prestigiosos ARQUITHEMAS que forman ya un "corpus teórico"
imprescindible para cualquier arquitecto que se precie.

No es casualidad el que dos de los más grandes escritores de este milenio,
Octavio Paz y Álvaro Mutis, admiraran y escribieran sobre Barragán.

Así, Álvaro Mutis, nacido en Colombia y viviendo en Méjico, uno de mis escritores favoritos, tras la visita a la biblioteca de Barragán decía, al descubrir que había más libros de Literatura y Filosofía que de Arquitectura, que estudiar una biblioteca era "una inmejorable forma de conocer los más secretos rincones de un alma" y añadía refiriéndose a la profesión de Barragán, que ser arquitecto era "la profesión más antigua del hombre, constructor de las mansiones del expulsado del Paraíso".

Y dándole la vuelta a esa preciosa expresión de Mutis describiendo a los arquitectos como constructores de la mansión del expulsado del Paraíso, yo diría que toda la obra de Barragán no es más que una manera de crear con su Arquitectura un nuevo Paraíso aquí en la tierra. Crear, construir el Paraíso perdido. La arquitectura de Barragán pretendía, y bien que lo conseguía, hacer felices a las personas que habitaban en ella.

La casa de Tacubaya, levantada en 1947, hace ya casi 50 años, parece que estuviera recién terminada hoy mismo. Tan como por encima del tiempo está. Y todas sus casas. Todas son un prodigio espacial capaz de convocar a la felicidad y a la belleza. Y todas sus obras.

La obra de Barragán ha sido motivo de muchas publicaciones y exposiciones entre las que hay que destacar dos especialmente significativas: la del MOMA de Nueva York y la de Nuevos Ministerios en Madrid.

La del MOMA de Nueva York en 1976, viviendo todavía Barragán, fue alentada por Emilio Ambasz y sirvió de eficaz plataforma para difundir la figura y la obra del maestro, y que culminaría con la concesión del Pritzker en 1980.

La exposición de Madrid en las galerías de los Nuevos Ministerios en 1994, al cuidado de, precisamente, Antonio Ruiz Barbarín, sirvió para que, por fin, la figura de Barragán se conociera bien en España.

Barragán murió en 1988. Ya he contado en otras ocasiones la preciosa anécdota de que cuando en 1982 le invité a la Escuela de Arquitectura de Madrid, respondió con una emocionante carta en la que decía que le gustaría venir, "¡Ay España!, ¡Ay Madrid!, ¡Ay Granada!", pero que no podía porque estaba preparándose "a bien morir". ¡Ay Barragán!

A LA LUZ DEL ALUD DE LA LUZ DE LE CORBUSIER
Sobre la Arquitectura de Le Corbusier

Termino este texto sobre la LUZ en LE CORBUSIER en Manhattan-Kansas, tratando de ser breve por aquello de que "lo bueno si breve, dos veces bueno", o como dicen por aquí tengo el "ice-cream" en el coche y no puedo retrasarme.

En LE CORBUSIER la LUZ siempre fue tema central. Como no podía ser menos. Pues la LUZ es el tema central de la arquitectura. Un arquitecto ya no puede hablar de la LUZ sin citar a LE CORBUSIER. Ni un arquitecto puede trabajar con la LUZ sin estudiar a fondo los milagros que con el más rico material que usamos, ha hecho LE CORBUSIER. Cuando una y otra vez insisto que "la arquitectura sin LUZ no es nada, no hago más que mirarme en LE CORBUSIER. Y cuando añado que "la LUZ construye el tiempo", no hago más que difundir lo que he aprendido de LE CORBUSIER.

Y quiero traer aquí a colación unos dibujos de LE CORBUSIER que son todavía más expresivos que sus palabras en torno a la LUZ. Los dibujos que hiciera del Panteón de Roma, de Santa Sofía de Constantinopla y de su capilla de Ronchamp. Dos lecciones tomadas y una dada por el maestro sobre la LUZ de las que todavía seguimos aprendiendo.

El Panteón de Roma donde el cañón de LUZ que atraviesa su gran óculo de 9,5 metros de diámetro y 3 metros de espesor barre con su luminosidad aquel espacio esférico infinito.

Santa Sofía, donde la LUZ directa del sol que entra por sus altísimas ventanas batalla con la no menos intensa LUZ reflejada en las profundas jambas de esos mismos huecos de manera que parece como imposible ese batirse de espadas de LUZ cruzadas que pone en tensión a los asombrados espectadores.

El gran muro de Ronchamp, donde a base de cascotes, LE CORBUSIER levanta un parámento desaforadamente grueso para poder excavar en él una colección de profundas troneras con las que atrapar la LUZ de manera genial y teñirla de colores y llenarla de letras y de flores para hacer divino aquel espacio. Hueco a hueco mide y decide profundidad y tamaño y forma y color, hasta conseguir poner en pie ese milagroso poema de LUZ.

Una vez escribí que podíamos imaginar que un día el sol no saliera, o que hubiera un prolongado eclipse.

El Panteón se quedaría mudo y triste y oscuro esperando la LUZ que ya no llega. Y se resignaría a esperar a la luna, que con la LUZ del sol reflejada, consolaría al aire de su espacio como siguiendo el guión de aquel maravilloso cuento de Henry James donde se describe la tremenda escena del conde Valerio arrodillado en el interior del templo romano, iluminado por sólo la luz de la luna, puesta en vibración por las gotas de la lluvia. Fascinante.

Santa Sofía no saldría de su asombro esperando el alud de LUZ que de tantas maneras allí entra cada día. Y no acabaría de entender ella, tan clara y tan sabia, lo que podría estar pasando.

Y Ronchamp se moriría de pena. Con sus colores apagados, sus palabras suspendidas y sus flores marchitas: tan nada es sin LUZ aquel muro que lo es todo iluminado.

Y escribí todo esto para resaltar que sin LUZ no es posible la arquitectura. Y yo no sé si mis dibujos de LE CORBUSIER se acabarían disolviendo sin la LUZ o quedarían como imborrables testigos de la proclamación que el maestro hace de la LUZ como el material, el tema central de la arquitectura. Cómo podríamos no hablar de la LUZ cuando hablamos de LE CORBUSIER. Y cómo podría no hablar LE CORBUSIER también de la LUZ en su "poema del ángulo recto". En ese bellísimo "poema del ángulo recto" que da ocasión a la exposición que actualmente está en el Círculo de Bellas Artes de Madrid las palabras con más intensidad repetidas son las que hacen referencia a la LUZ. La edición maravillosa del libro de LE CORBUSIER que ha hecho el Círculo de Bellas Artes es un regalo inesperado. Juan Miguel Hernández León, como presidente de la institución, y Juan Calatrava, como su factotum, pueden estar orgullosos.

Y aunque el texto del "poema del ángulo recto" de LE CORBUSIER fuera ya traducido al castellano en el año 2003 por Andrea Ortega con ocasión de su provocativa tesis doctoral que hiciera en la ETS de Arquitectura de Barcelona, de la UPC, me quedo con esta versión del 2006.

Y es que siempre el traducir, el dar a la LUZ de las palabras un texto para llegar a iluminar a las gentes, ha sido siempre una cuestión clave de la cultura. Cervantes hizo traducir a Shelton al inglés su Don Quijote de la Mancha pocos años después de escribirlo. Esto es universalidad y cabeza clara. Homero tardo un poco más, pues fue Chapman, un poco después de que lo hiciera Shelton con Cervantes, quien tradujo los textos homéricos. Y lo hizo tan bien, que pasados unos cientos de años, Keats le dedica un poema a Chapman por tamaña epopeya.

Y Mujica Láinez, tradujo algunos de los sonetos de Shakespeare con un castellano bellísimo que les recomiendo, y el griego maravilloso de Kavafis es vertido al inglés por Eliot, y al francés por la Yourcenar. Y Vargas Llosa dice que esos poemas son tan hermosos, que resisten a cualquier traducción.

OSCAR TORERO NIEMEYER
Sobre la Arquitectura de
Oscar Niemeyer

"¡Bravo Oscar, bravo!" estas conocidas palabras de Le Corbusier son las palabras con las que en España se alaba a los buenos toreros cuando torean bien. Y algo de muy buen torero, de maestro consagrado tiene nuestro arquitecto. Algo sublime que yo expresaría, metidos ya en símiles taurinos, con un "danza cuando dibuja, baila cuando piensa y templa cuando construye". Como el mejor de los toreros, como el mejor de los arquitectos. Pues a esos dibujos suyos tan expresivos y generosos de líneas curvas que parecen danzar, se corresponde un pensamiento que lejos de ser líneal y clásico en sus razones salta por encima de ellas en danza arrebatada. Y luego, cuando construye, lo hace con absoluta seguridad y certeza, como templando, con la fuerza tremenda de la mejor arquitectura.

Se me hace el honor de pedirme que escriba sobre el maestro Oscar Niemeyer para celebrar sus 100 años. Qué, ¡cosas de la vida!, es la edad que afortunadamente también va a cumplir mi padre el próximo año. Y hablando hace unos días con mi padre que sigue teniendo la cabeza muy clara y el corazón muy generoso, me confesó que cuando estudiaba medicina (fué un cirujano magnífico) había tenido 19 Matrículas de Honor que es la máxima calificación que se concede en la Universidad española. Al preguntarle yo el por qué no lo había contado antes, su respuesta fue "esas cosas no se cuentan". En su caso es una muestra más de su profunda humildad. Y cuento esto porque a veces no valoramos suficientemente a los genios cuando los tenemos demasiado cerca. Algo de esto pasa con Oscar Niemeyer, el maestro. Es tanta la calidad de su trabajo que ya nos hemos acostumbrado. Pero esta celebración irrepetible es una ocasión única para proclamar bien alto la máxima calidad de la arquitectura del maestro.

Supongo que también Niemeyer, como lo hizo Le Corbusier con él cuando empezaba, habrá animado a los más jóvenes. Y más de una vez le habrá también gritado a ese estupendo arquitecto que es Mendes da Rocha. "¡Bravo Paulo, bravo!". Y así Oscar Niemeyer con Paulo Mendes da Rocha y con Le Corbusier, han conseguido para Brasil, su país, una capacidad de ser reconocido en todo el mundo por su arquitectura fuerte, radical, poderosa. La arquitectura de Niemeyer es a Brasil como el Barroco a Italia o el Gótico a Francia. Algo más que sólo una brillante aventura personal. Y aquellas viejas acusaciones de radicalidad son ahora como joyas que adornan su corona de gloria.

Las obras de Niemeyer son básicamente estructuras. ¿Cómo podrían no ser estructuras las obras del maestro? Estructuras capaces de hacer volar como los pájaros a sus artefactos arquitectónicos. Eso es lo que ha hecho toda su vida Oscar Niemeyer, arquitecturas que venciendo la gravedad vuelan para hacer soñar a los hombres. Como lo han hecho todos los grandes arquitectos de la Historia. Estructuras son las obras de Le Corbusier y las de Mies van der Rohe.

Y aunque es claro que las curvas prevalecen en las formas arquitectónicas de Oscar Niemeyer, su arquitectura no es tanto como se ha dicho "la lucha contra el ángulo recto" cuanto una búsqueda de la estructura más lógica, más radicalmente lógica. Cuando toca ángulo recto, pues ángulo recto. Pero cuando toca diagonal o curva, pues curva y diagonal. La lógica aplastante de la mano de la Belleza, de la Venustas. Pues si Oscar Niemeyer llega tantas veces a atrapar la Belleza lo hace cumpliendo puntualmente con la Utilitas y con la más perfecta Firmitas. Parece mentira cómo aquellos preceptos vitrubianos que parecen tan lejanos pueden estar tan cercanos en la arquitectura mejor. En toda la obra de Niemeyer la Utilitas y la Firmitas y la Venustas convergen siempre con precisión sorprendente. Con las curvas, y con la recta cuando es necesario.

Y si Oscar Niemeyer es un maestro en las grandes obras, todas ellas bien conocidas, también lo es como no podía ser menos, en las más pequeñas. Su casa de la Estrada dos Canoas de 1953, debería estudiarse en las Escuelas de Arquitectura junto a la Casa Farnsworth de Mies o la Ville Savoie de Le Corbusier. Indicándonos claramente que otros caminos son posibles. El derroche de libertad siempre presente en Oscar Niemeyer se conjuga en esta pequeña gran casa con una sabiduría profunda para producir una obra genial, como si de un arquetipo se tratara.

O el bellísimo Panteón de la Libertad de 1985 que es un prodigio de síntesis de toda su arquitectura inundada de luz matizada por la sombra. Y la Catedral de Brasilia de 1970, no la habría hecho mejor un creyente. Oscar Niemeyer, creyente a su modo ("de izquierdas, católico y sentimental" diría Valle Inclán) produce un espacio sorprendente. Recordaré aquí como sus capillas de los años 50, bellísimas, como manos atrapando el cielo, tuvieron un eco cierto en la arquitectura religiosa española de aquellos años. Y tantas cosas que podríamos decir del maestro.

Oscar Niemeyer es un gigante de la arquitectura contemporánea capaz de vencer al tiempo con su obra. Y nosotros hoy, aquí, podemos felizmente celebrar que siga entre nosotros. Él y su arquitectura, que han pasado ya con voz poderosa a la Historia.

¡Felicidades maestro! ¡Bravo Oscar Miemeyer! ¡Bravo Oscar, bravo!

EL NOSTOS DE RICHARD MEIER

Sobre la Arquitectura de
Richard Meier

Richard Meier, como un nuevo Ulises, ha atravesado el estrecho de la fama y del reconocimiento uncido al palo mayor de la nave de la Arquitectura con los lazos de la razón y de la honestidad y de la belleza.

Con los oídos y los ojos bien abiertos ha visto pasar todo y de todo.

Como al héroe troyano, las fascinantes sirenas le han tentado con su canto seductor: el dinero, la fama y el poder.

Como al hijo de Laertes, Scilla y Caribdis le han tratado de sorber con la incomprensión, el desprecio y el olvido.

Pero nada ni nadie pueden impedirle que llegue a su Itaca para volver con Penélope.

EL DURO DESEO DE DURAR

Paul Eluard consideraba que el impulso primario de toda creación poética es "el duro deseo de durar". Y yo añadiría que de toda creación, también la arquitectónica. Y claramente la de Richard Meier, que es un maestro de nuestro tiempo. Quizás uno de los tres grandes arquitectos norteamericanos del siglo XX junto con Frank Lloyd Wright y Louis Kahn a los que él confiesa gran admiración. Por supuesto que Richard Meier crea su arquitectura con el deseo de durar. Como no podría ser menos en un maestro.

No me duelen prendas el proclamar esto ante una Crítica que, habiéndole aplaudido hasta la saciedad en los años 80, los años dorados de los FIVE ARCHITECTS, guarda ahora un silencio injusto que creo debe ser roto de una vez. Meier ha recibido todos los premios habidos y por haber, desde el Pritzker hasta la Gold Medal del AIA. Todos.

Y así como Mies van der Rohe y Le Corbusier, viniendo de la vieja Europa vencieron y convencieron en USA, ninguno construyó demasiado en el nuevo continente, Richard Meier sí que ha construido grandes y significativas piezas también en Europa: un arquitecto americano que ha triunfado en Europa. Barcelona, París, Munich, Praga, Roma. Aunque no sea lo más importante de Meier el que haya construido varios e importantes edificios en nuestro viejo continente. Meier es un arquitecto americano que ha triunfado en Europa. Pues ni por esas. Parece que la crítica, tan variable como las veletas y más efímera que las flores, hubieran olvidado que Richard Meier es el gran arquitecto americano de la segunda mitad del siglo XX, como Wright lo fuera de la primera mitad del siglo ya pasado.

Y así, como Hernán Cortés en el poema de Keats miraba asombrado la infinitud del inmenso mar Pacífico desde lo alto del Darien, imagino a Meier mirando asombrado, hoy y ahora, desde allá arriba el actual panorama de la convulsa Arquitectura Contemporánea.

TRASCENDENCIA

Apunta Kenneth Frampton en el último libro que Electa ha editado sobre Richard Meier que en la Arquitectura de Meier "ya no queda nada de aquella visión griega, inexorablemente trágica, que invadía toda la obra de Le Corbusier y más tras el Apocalipsis de la Segunda Guerra Mundial". Y termina su comentario apuntando que Meier "se mantiene a una distancia prudente de la agitada y desconcertante perspectiva que Gramsci ha diagnosticado, hablando del tiempo en el que lo viejo muere sin que lo nuevo haya nacido todavía, un tiempo que incuba síntomas morbosos".

Por el contrario, y a pesar de la brillantez de la imagen descrita por Gramsci y recogida por Frampton, yo creo que la voluntad de PERMANECER EN EL TIEMPO, en definitiva la voluntad de TRASCENDENCIA con algo de aquella trágica visión griega, es una cualidad que Richard Meier busca denodadamente como la busca cualquier arquitecto que se precie. Lo que es un más que buen síntoma.

Voluntad de trascender que es compatible con su constante actividad investigadora en arquitectura. Es muy diferente la construcción de un pabellón o de un bar (el 66 de Manhattan) que el poner en pie una iglesia (Iglesia del Jubileo en Roma) o el Museo del Ara Pacis en pleno corazón de Roma. En la arquitectura de nuestros días (obsérvese que no digo contemporánea) a veces se ponen en pie experimentos que no son más que eso, experimentos. Y aunque muchas veces tienen la virtud de la "frescura", carecen desde su origen del citado "deseo de durar" exigido por Paul Eluard.

Quizás, y sin quizás, los críticos valoran en estos días más el experimento que el resultado, más el proceso que la conclusión. La historia de la arquitectura está llena de ejemplos. En el XVIII las arquitecturas efímeras se hacían para celebrar acontecimientos y para asombrar a las gentes. En nuestro siglo XXI, los pabellones de exposición. Tantas exposiciones que sirven de banco de pruebas para experimentos que no llegan a ser más que notas a pie de página de la Historia de la Arquitectura. Por muy sutiles y sugerentes que sean. Y no se me diga que el Pabellón de Barcelona de Mies van der Rohe no es un capítulo de esa Historia, que lo es. Otra cosa es que fuera imprescindible su reconstrucción. No sé qué habría pensado Mies si llega a verlo hoy puesto en pie.

Pues hoy en día hay muchas arquitecturas levantadas con mentalidad de pabellón efímero en el sentido más pleno, y así son. Aunque llenen las muchas páginas de las muchísimas revistas que, como el monstruo del cuento, necesitan devorar cada día una princesa. De los edificios que llenan esas revistas confundiéndose con la publicidad, quedarán muy pocos. Quedarán sólo aquellos que teniendo voluntad de TRASCENDEN-CIA, de PERMANECER, lo consigan. Por no quedar no quedarán ni las revistas de papel couché que a estas alturas del tercer milenio, están llamadas a desaparecer. La avasalladora fuerza de la pantalla del ordenador es imparable.

COMUNICACIÓN

Y es que esto que he llamado TRASCENDENCIA, término que a primera vista parece un poco grandilocuente, no es más que voluntad de comunicación con los demás. Como lo es cualquier labor creadora.

El poeta español Federico García Lorca, aquél que paseara sus poemas por Columbia University en la ciudad de Nueva York a la que dedicara un poemario, resumía muy bien todo esto con un sintético "escribo para que me quieran". Y así podríamos decir que Richard Meier levanta su Arquitectura "para que le quieran".

Es la lógica voluntad de comunicarse, de trascender en el espacio y en el tiempo lo que enciende la labor de todo creador, Richard Meier incluido. Trascendentes querían ser Wright y Kahn, Le Corbusier y Mies. Y Meier. Y Shakespeare y Cervantes.

En mi última estancia larga en Nueva York como *visiting scholar* en Columbia University, fui muy feliz. Vivía en Columbus Avenue con la 72 th. Un lugar maravilloso en el centro de Manhattan. El primer día salí a dar un paseo y entré en el muy cercano Museo de la Historia, al borde de Central Park. Aunque no es especialmente interesante, a la salida me fijé en una carta manuscrita dentro de una urna. Era del Presidente Jefferson "riñendo" a su hija María por no estar leyendo D. Quixote (sic). Pues para que eso fuera posible, fue necesario que Cervantes mismo encargara la traducción de D. Quijote de la Mancha al inglés. Y todavía hoy sigue *in crescendo* la fama del Quijote y de Cervantes con él. Cervantes, como gran creador, tenía claro desde entonces, ¡1612!, que la creación es un tema de COMUNICACIÓN. Como dice un conocido precepto, "el bien es difusivo".

O sea que Richard Meier no va muy descaminado cuando sigue persiguiendo esa TRASCENDENCIA que ya, ¡tantas veces!, ha conseguido con sus obras. Y como Cervantes, tiene conciencia de estar levantando una arquitectura capaz de resistir al paso del tiempo, de llegar como Cervantes traducido al inglés por Shelton hasta el último rincón del universo.

ARTIFICIO ARTEFACTO

En el libro ya citado de Electa sobre Meier, se incluye un texto del mismo
Richard Meier en el que habla con toda rotundidad de la arquitectura como
artificio. Y Meier defiende este carácter artificial como una cualidad consus-
tancial con la propia arquitectura. Como no podría ser menos. Claro que en
un tiempo en el que aparecen como hongos arquitecturas camaleónicas que
dicen no querer perturbar el paisaje, decir esto no es popular.

Defiendo con Meier que la arquitectura es siempre artificio. Los animales
viven en la naturaleza y se funden con ella. Su cueva es la roca y su cabaña
el nido. Todavía no he visto a ningún ser humano viviendo en un nido y los
que vivían en las cuevas eran los eremitas.

La arquitectura, la de Meier y la de Le Corbusier, la de Koolhaas y la de Mies
van der Rohe, la de Palladio y la de Bernini, han sido y son puro artificio,
artefactos. En el texto de Meier que ya fuera publicado en *Perspecta* en 1988
él recoge ciertas acusaciones que todavía colean y defiende con toda lógica
la artificialidad de la arquitectura.

Yo siempre he hecho la distinción entre lo Tectónico y lo Estereotómico en la
Arquitectura. Aprendido de Kenneth Frampton a través de Jesús Aparicio y
siempre con Gotfried Semper al fondo. En el caso de Meier, su arquitectura,
artificio, es básicamente tectónica.

Y así como la arquitectura del podio estereotómico, la de la "cueva arquitectónica" ya sea en hormigón o en piedra, habla de la continuidad gravitatoria
con la tierra, la arquitectura de Meier está más cerca de aquella construcción
tectónica, de la "cabaña arquitectónica", está más cerca del cielo.

Es una arquitectura más ligera que se apoya *on tips* sobre la naturaleza. Y
siempre discontinua con ella, sin ningún problema. Lo que no significa que
no establezca una perfecta relación con ella. La arquitectura de Meier
subraya muchas veces el paisaje con sus claros y limpios planos horizontales. Y enmarca el paisaje ya sea a través de las blancas estructuras livianas o
a través de huecos precisos en sus preciosos paramentos blancos. Es el
eterno diálogo entre Cultura y Naturaleza. Nunca la Cultura ha sido "natural"
como el buen salvaje.

HÁGASE LA LUZ

"Y la luz fue hecha", se dice en las Sagradas Escrituras. Termina Meier el
texto citado haciendo una defensa encendida de la LUZ y del CONTEXTO.
Como no podía ser menos.

Sabe bien Meier que la LUZ debe ser atrapada por la Arquitectura como el
aire por la Música. Y si el aire al atravesar el instrumento musical bien
temperado da como resultado la misma Música, la luz al atravesar el instrumento arquitectónico, si éste está bien temperado, nos ofrecerá la misma
Arquitectura.

Y de la misma manera que los muy diversos instrumentos musicales templan
el aire de distintas maneras, así también lo hace la Arquitectura: la luz sólida
o la luz difusa, la luz vertical o la luz diagonal, la luz que escarba la materia o
la luz que la acaricia. Luz que al atravesar el artefacto arquitectónico le
arrancará los más hermosos sonidos. Y al igual que hay instrumentos de aire
y de cuerda, la Arquitectura trabaja con la luz de manera muy diversa.

Y si algunos arquitectos trabajamos más con la luz sólida, con la luz y la
sombra bien temperadas, Meier opta por subrayar su carácter más radiante.
Opta por una luz más global, por la claridad, por la luz que invade cada rincón
del espacio, por la transparencia.

Las arquitecturas de Richard Meier trabajan sabiamente con esta luz transparente. Y su empleo del color blanco es resultado de un sabio juego que él
conoce mejor que nadie. Entiendo que su uso del blanco no es más que el
deseo de que nada perturbe estas certeras operaciones luminosas.

SMITH HOUSE

No se puede escribir sobre Meier sin hablar de la casa Smith. Como no se
podría escribir sobre Mies sin hablar de la Farnsworth House o de Le
Corbusier sin hacerlo de la Ville Savoie. Pasados los años sigue siendo una
de sus "píece de resistence". Y así parecería que ambas casas, la Farnsworth
y la Ville Savoie contuvieran en germen todo lo que Richard Meier va a
desplegar a lo largo de los años. E incluso en algún pasaje con mayor brillantez.

Si la Farnsworth flota como una balsa manteniendo su plano de suelo a la
altura de nuestros ojos y la Ville Savoie se levanta sobre sus pilares como si
de un paquebote se tratara, la Smith se sitúa frente al paisaje como un sabio
observador. Más estática aún que las dos anteriores. Si la balsa "navega" y el
paquebote "surca los mares", la casa Smith se "ancla" recogiendo los planos
superior e inferior con que la provee la misma naturaleza.

La Farnsworth nos propone un espacio horizontal transparente y continuo que
SUBRAYA el paisaje que la rodea en una operación tal que parece que nos
adentráramos en él. Parece que el paisaje circundante se acerca, se viene
hacia nosotros.

La Ville Savoie por el contrario, crea un espacio horizontal bien limitado, suspendido con unas ventanas en cinta (*fenêtres en longeur*) que más que subrayar ENMARCAN el paisaje con la sombra arriba y abajo. Y los grandes ventanales interiores hacen que el espacio se interiorice. Puede más el patio interior que la propia naturaleza.

La casa Smith plantea una nueva visión espacial. Tiene algo que no tienen las anteriores: frente y espalda. Un detrás y un delante. Un detrás por el que se entra, comprimidos a través de un espacio de altura simple, para aparecer en un gran espacio extraordinariamente luminoso, dramático, de triple altura, que hace que la naturaleza que se aparece ante nosotros bien enmarcada por la blanca estructura, se vea aún más hermosa. Y más que subrayarnos o enmarcarnos el paisaje, acercándolo o alejándolo de nosotros, nos lo pone en valor y hace que a través de la Arquitectura nos rindamos ante la Naturaleza. Que el artificio de la arquitectura, en vez de imponerse a la naturaleza, la magnifica. Un acertado logro de Meier, el maestro.

Parece mentira que Meier con sólo 30 años de edad, fuera capaz de destilar en esta obra con tanta sabiduría gran parte de la Arquitectura contemporánea.

Los esquemas con los que Meier ha acompañado siempre la publicación de esta obra son bien elocuentes. Hablan con la mejor pedagogía de la claridad conceptual y formal de esta casa: los espacios servidores y los servidos, la compresión y dilatación de los espacios, la escala acertada de las partes, el orden claro de la estructura. Factores todos ellos que la hacen poderse confrontar con voz potente a las otras casas de los maestros.

Cuando después de pasados tantos años, vuelvo a analizar la casa Smith, vuelvo a descubrir nuevos matices. Y vuelvo a emocionarme y a aprender y a reconocer que es una obra maestra de la Arquitectura de nuestro tiempo.

Y si Francesco Dal Co apunta acertadamente que la arquitectura de Richard Meier es como la materialización del sueño americano, la Smith House lo materializa en grado máximo: la Smith House es ese sueño construido, hecho realidad.

LA DOUGLAS HOUSE COMO EL BUEN VINO

Y si la prodigiosa casa Smith la hace Meier a la temprana edad de 30 años, la Douglas House la levanta sólo 6 años más tarde. Los puntos de partida de ambas son muy parecidos. Aquí el terreno tiene mayor pendiente y el programa es un poco mayor. Y la respuesta, siendo muy similar, en esta casa alcanza un mayor dramatismo. Los elementos servidores, más cerrados, atrás. Los espacios principales, muy abiertos, adelante. Y para entrar por arriba, un puente, o mejor una pasarela como si de entrar a un barco se tratara. La blanca nave anclada en la pendiente del bosque enmarca la naturaleza de una manera sublime.

Se podría decir que la Douglas House es un aria dentro de la ópera arquitectónica de Richard Meier.

Se ha escrito y publicado tanto sobre la Douglas House que parece que ya no se pudiera decir nada más de ella, que su capacidad de fascinación ha quedado agotada. Pues no. Quizás con esta casa se llega a un punto de madurez que Fracesco Dal Co interpreta como una puesta a punto del estilo de Richard Meier.

Quizás fuera bueno apuntar como aquí en la Douglas House, como lo fuera en la Smith House y como lo es en toda la obra de Meier, el esqueleto, la estructura portante, es siempre muy clara, tan clara como el espacio que ordena.

He escrito muchas veces que la importancia de la estructura no es sólo la de transmitir las cargas, la Gravedad a la tierra sino que su papel fundamental es el "establecer el orden del espacio". Y Richard Meier siempre lo hace con una claridad cartesiana.

Pasados ya más de 33 años, la Douglas House nos convence más aún que el primer día. Y es que el tiempo, como al buen vino, le pasa a favor.

Y LA PICCOLA GIOVANITTI

Personalmente tengo alguna deuda con esta pequeña gran casa de Meier. Levantada muchos años después, en 1983, es la más pequeña y sencilla. Pero en ella se pone en pie un viejo tema espacial de Le Corbusier, y de toda la Historia de la Arquitectura: la concatenación en diagonal de dos espacios de doble altura consiguiendo un espacio diagonal que si se tensa por la luz tomada de lo alto, produce efectos sorprendentes. Así lo hice yo luego en mi Turégano House, con menos medios y mayor radicalidad y muy buen resultado.

La pequeña Giovanitti House es para mí una traducción de un momento de calma y de silencio de Richard Meier que produce con ella una pequeña joyita. Como años más tarde haría con el 66, ese pequeño gran bar en Manhattan que es como una blanca exhalación. Como un tiro certero que da en el blanco (target). En español, el término blanco tiene la doble acepción del color y del punto de tiro.

CATEDRAL DEL NUEVO MILLENIUM

Hay algunas catedrales que parecen meras iglesias e iglesias que parecen catedrales.

La iglesia para el Jubileo de Richard Meier es tan hermosa, tan grandiosa, que tiene aires de catedral. Tanto que deberíamos hablar de la catedral de Meier para el nuevo milenio. De la Catedral del Nuevo Millenium.

Hay algo de Utzon y algo de Le Corbusier en la catedral de Meier.

La estructura, bellísima, es enormemente ingeniosa y levanta con una tecnología de nuestros días unas cáscaras cuyo fin es el dejarse acariciar por la luz del sol romano que las atraviesa.

Si cuando Utzon el maestro, levanta su edificio, hace un alarde de estructura, Meier no le va a la zaga. Ambos entienden bien, muy bien, cómo la estructura está en el centro del hecho arquitectónico.

Y si cuando Le Corbusier el maestro levanta sus iglesias, crea milagros de luz, Meier no se queda corto. Ambos entienden perfectamente cómo la luz está en el centro de la Arquitectura.

Las plantas de la iglesia son impecables. Responden adecuadamente tanto a la centralidad del altar y a la vez al diálogo con la luz que viene de lo alto. Los elementos servidores en su sitio. Las circulaciones también impecables. La construcción perfecta. La Utilitas y la Firmitas se cumplen con perfección. Y la más difícil de obtener, la Venustas, la Belleza aparece aquí convocada tras las otras dos cualidades vitrubianas. Y la iglesia, la catedral, es tan hermosa que sólo esta obra hubiera bastado para "subir a los altares" a cualquier otro arquitecto.

ARA PACIS

Más difícil todavía. No era labor fácil diagnosticar el cómo poner en valor y proteger el altar de Augusto. Cuando el alcalde de Roma decide llamar a Richard Meier sabe bien lo que hace y Meier lo ha hecho muy bien. Una arquitectura serena y callada, transparente y con una luz magnífica. Ha sabido articular muy bien los elementos de esa hermosa caja. Ha sabido muy bien atrapar la clara luz romana. Y ha levantado una pieza bellísima.

La intervención de un arquitecto americano sobre una pieza histórica de la Historia de la vieja Europa trae a mi memoria la figura del escritor americano Henry James escribiendo la más bella historia que transcurre en Roma en *The Last of the Valerii*. ¿Hay algún escritor europeo que haya hecho una descripción más luminosa del Panteón de Roma que la que hace el americano? ¿Hay algún arquitecto europeo que hubiera hecho algo mejor que la prodigiosa caja del Ara Pacis de Meier? Trato de imaginar lo que hubiera hecho cualquiera de los famosos de hoy y todos habrían actuado mirándose el ombligo. Meier, con profunda honradez y acierto, hace una pieza que dialoga muy bien con la ciudad histórica y, a la vez pone en valor la importante pieza que la preside. Richard Meier logra materializar aquí magistralmente "la ilusión del aire dorado" de Roma de la que habla Henry James.

MATERIALITY

Tras volver a leer con más atención si cabe los textos de Meier, pocos y claros, hay uno especialmente certero y preciso: el que lee públicamente al recibir el Premio Pritzker en 1984. Se titula "Arquitectura y Blancura". En ese *In praise of Whiteness* trata y lo consigue destilar lo más central de su pensamiento.

Además de hacer una defensa suscribible (yo la suscribo) del blanco como color, remata con un "Mi meta es la PRESENCIA" queriendo volver a defender la obra construida y su capacidad de transmisión del mensaje arquitectónico. El constatar que Palladio nos llega y nos conmueve y nos convence más a través de la Basílica de Vicenza que con sus 4 bellísimos libros. El saber que para alcanzar la VENUSTAS vitrubiana es necesario antes pasar por la UTILITAS y por la FIRMITAS. Sobre todo por la Firmitas.

Cuando en mi texto "El blanco certero" defendía yo la blancura, utilicé argumentos que bien podían haber sido expuestos por Meier.

Respecto a la PRESENCIA es claro que es una cualidad irrenunciable de la Arquitectura. Baudelaire exigía la materialidad de las palabras para poner en pie la Poesía. No le bastaba con las buenas ideas. Pues en Arquitectura lo mismo. Aunque la lucha por vencer la Gravedad sea una constante en la Arquitectura, el intento de desmaterializar la materia, siempre nos queda la Gravedad.

Mies trató de hacer desaparecer los pilares conductores de esa Gravedad cubriendo de acero cromado brillante su sección cruciforme. Le Corbusier, más astuto, simplemente pintaba de blanco sus pequeños pilares cilíndricos. Del mismo blanco usado por Richard Meier.

MEIER GENEROSITY, PERSONAL APPROACH

Cuando a estas alturas de la vida se escribe sobre un arquitecto de la talla
de Richard Meier son también importantes las cuestiones relativas a la
persona. No es casual que en su precioso discurso del Elogio a la Blancura
pronunciado al recibir el PRITZKER, hablara con tanta pasión de sus hijos
Anna y Joseph con simpáticas anécdotas.

Yo no puedo dejar de apuntar aquí la extraordinaria generosidad con que
siempre Richard Meier se ha portado conmigo.

En 1979, hace ya casi 30 años, le invitamos a dar unas conferencias en
Madrid. Me ayudaba Ignacio Vicens que hoy además de ser un arquitecto
espléndido, es también Catedrático de la Escuela de Arquitectura de Madrid.
Éramos dos jóvenes profesores de 30 años, ayudantes de Javier Carvajal.
Organizamos unas conferencias a las que además de Richard Meier vinieron
Peter Eisenman, Jorge Silvetti, Tadao Ando, Emilio Ambasz y Alvaro Siza.
Eran los tiempos de los Five Architects.

Poco tiempo después Meier volvió a Madrid. Yo había construido muy poco y
creía, lleno de vanidad, que muy bueno. No dudé en invitar a MEIER a que
visitara mi Casa Turégano. El maestro generoso aceptó y fue y la alabó en
exceso. Mucho había en esa casa de Le Corbusier y algo de Meier. Y su visita
quedó plasmada en unas fotos ante mi casa con su hijo Joseph, todavía un
niño. La historia se completa con la significativa presencia de Meier el día de
la inauguración de mi primera exposición en Nueva York en el Urban Center
junto a San Patricio en el 2004. Con Massimo Vignelli y Steven Holl y Kenneth
Frampton. Una vez más apoyándome generoso, Meier. Nunca se lo agradeceré
suficientemente.

FINALE

Todavía le queda travesía a Richard Meier como a Ulises. Como a Bernini o
como a Palladio. Y aunque ya haya atravesado el angosto estrecho de Silla y
Caribdis, todavía le quedan, como a Ulises, algunas pruebas más hasta volver
a los brazos de Penélope.

He pensado muchas veces en Richard Meier como en un Ulises de la
Arquitectura. Por eso planteo en este texto este paralelismo. Es un héroe, el
héroe, de este último período de la Arquitectura contemporánea. Y como
Ulises, todavía no ha llegado definitivamente a su Itaca.

Mientras tanto Penélope, la Arquitectura, sigue tejiendo y destejiendo la tela
esperando que Meier vuelva a reunirse con ella definitivamente.

Y los muchos pretendientes de la tan deseada Penélope, encerrados en la gran habitación del papel couché, debaten entre ellos acaloradamente sin saber, lo saben, que sus deseos son inútiles, que morirán.

Y todavía siguen sucediéndole a Meier acontecimientos que parecen calcados de la epopeya homérica.

Meier ha bebido ya el licor del loto, y ha superado con brillantez el paso del estrecho bien atado al mástil sin tapar sus oídos para oir el canto de las sirenas sin ser atrapado por ellas. Ha atravesado ya el escollo entre Silla y Caribdis que han tratado de sorberle con el olvido infinito. Y sigue, contra viento y marea su homérica epopeya arquitectónica.

Pero nuestro Ulises todavía no ha llegado al último capítulo. Todavía no ha tensado el arco que sólo él puede tensar, ni ha matado con él a todos aquellos presuntuosos pretendientes, y ¡mira que son presuntuosos los arquitectos del Star System que pretenden a la Arquitectura!

Pero los ritmos del tiempo de la Arquitectura y de la Historia son muy otros. ¿Qué son 50 años? Nada y menos que nada. Más de 500 años pasaron hasta que Chapman tradujera por fin a Homero en el siglo XVIII, para nuestra enseñanza y deleite. ¿Cuántos años se tardaron en levantar la Ópera de Sydney? Y se hizo contra viento y marea. Y hoy está propuesta como una de las Maravillas del Mundo Moderno. Y es que el tiempo de la Arquitectura es más lento. El tiempo de la Arquitectura de Meier es el Tiempo de la Historia.

Si he establecido desde el principio un cierto paralelismo entre Meier y Ulises es porque creo que muchas de las cosas que pasan hoy con Meier en el mundo de la arquitectura se asemejan mucho a la situación del héroe troyano.

Parece que los pretendientes que están todos ellos juntos tratan de cautivar a Penélope convenciéndola de que Ulises ha muerto. Y si Ulises en la impresionante escena casi al final de la Iliada pudo con todos aquellos pesados pretendientes, Meier que no es menos fuerte ni astuto que Ulises, podrá con todos ellos. El tiempo y la Historia nos darán la razón. Meier el nuevo Ulises. Meier, el maestro.

SOBRE OBRAS DE ARQUITECTURA

OLOR A MAR
Sobre la Galería *"My name is Lolita"* de Martín Lejarraga en Murcia

Querido Martín:

Mientras abro el sobre que me mandas con tus obras, suena el último trabajo de Manu Chao, "Próxima estación, Esperanza", que en mi estudio ponen con fruición. Las canciones que contiene se van desgranando con una gracia y un salero que sólo el cantante gallego-parisino-peruano tiene. Y en la cuarta canción "promiscuity", suena una y otra vez la palabra "flexibility" (en realidad dice otras cosas, pero a mí me suena a eso). Y coincide con la "flexibility" que tú proclamas en la memoria de tu estupendo proyecto y consigues en la realidad en tu obra de la galería "My name is Lolita".

Pero, la primera imagen, fascinante, que se ofrece a mis ojos es otra. Veo una plataforma de hormigón flotando sobre el mar, como si de un pantalán se tratara. Y en ese mar, palmeras generosas. Y un niño. Y una alberca todavía vacía excavada en ese plano tan fuerte. Luego, sin perder ni una pizca de la fascinación de la primera impresión, descubro que el mar no es mar. Que es el campo infinito. Y que la casa, magnífica, es una casa que abre sus ojos asombrados al paisaje y, como contrapunto, se establece una plataforma respaldada por unas gradas desde las que contemplar ese paisaje infinito a cielo abierto. Una maravilla. Todo atravesado por el aire de la mejor arquitectura. Estudiado luego con lupa el proyecto, se echa de menos el costado inclinado acogedor. Todo de 10.

Pero en tu envío me sacas enseguida de aquel huerto para llevarme a ese otro huerto de la galería que también está muy bien.

La galería es impecable. Lo que todo buen arquitecto debe hacer está allí. Con el mínimo número de elementos sacas el máximo provecho. Cortas, quitas, limpias, pones, añades, giras, etc. todo con una justeza perfecta. Todo con un criterio de, ya lo dices en tu memoria, la máxima flexibilidad. Todo se puede abrir, todo se puede cerrar. Un espacio único, blanquísimo, donde a base de giros y cambios de planos, a base de introducir sombras, cambia sus cualidades.

Ingeniosa la construcción, se ve que están muy bien estudiados los mecanismos y las formas necesarias para que funcionen muy bien. Vienen a mi memoria las estupendas actuaciones de Elías Torres en una capilla y en una ferretería. Como un juego de magia.

A uno le gustaría, si pintara, hacer una exposición en esa galería. O ver muchas exposiciones distintas en esa galería. A mí me gustaría, si visitara el campo murciano, acercarme a reposar a esa casa que flota entre palmeras y que tiene ese "algo más" que tanto hoy los arquitectos echamos de menos.

NB. Terminado el disco de Manu Chao con aquello de "una infinita tristeza", decido volver adonde solía y pongo a Kathleen Ferrier a cantar el "Qui sedes" de la misa en sí menor de Bach. Y vuelvo a pensar en esta casa tuya de belleza infinita.

Alberto

VALENCIA INUNDADA DE FLORES BLANCAS
Sobre el nuevo IVAM de Kazuyo Sejima en Valencia

Valencia tiene una arquitectura contemporánea de gran calidad. He tenido
la suerte de honrarme con la amistad de algunos de los autores de esa
estupenda arquitectura contemporánea de la ciudad del Turia. Desde Miguel
Colomina, que ejerció como catedrático de su Escuela de Arquitectura,
hasta José María Velasco, que también lo es ahora, por hablar de dos generaciones extremas entre las que se encuentran muchos nombres conocidos.
Las últimas obras, las más espectaculares de Valencia, son bien conocidas
en el mundo entero, y han llevado por todo el mundo el nombre de Valencia
asociado al de Calatrava, como lo hiciera Bilbao con Ghery con gran éxito.
Y en un sorprendente *tour de force* el actual director del IVAM, Kosme de
Baraniano ha apostado por Kazuyo Sejima + Nishizawa, que es una de las
figuras que brilla ahora con mas fuerza en este firmamento en el que la
fama mediática enciende y apaga a los arquitectos en este principio de
siglo.

No es sin embargo Kazuyo Sejima + Nishizawa una recién llegada. Tiene
una obra corta pero intensa y de gran calidad. Con ella participé en un
concurso restringido que convocó la Mercedes Benz para realizar su nuevo
Museo de automóviles en Stuttgart. Juntos explicamos nuestros proyectos
a un jurado conspicuo que no veía bien el que los coches se movieran en
mi museo. Como si lo esencial del coche no fuera el movimiento. El suyo
era un proyecto bellísimo que no me hubiera importado que me hubiera
ganado. No ganamos ninguno de los dos, aunque fue una estupenda
ocasión para que habláramos largo y tendido de arquitectura. Nos volvimos
a ver el año pasado en Lisboa donde juntos recorrimos algunas de las
luminosas obras de Alvaro Siza. Es Kazuyo Sejima + Nishizawa una arqui-
tecta profunda, seria y rigurosa, y produce una arquitectura delicadísima
repleta de sorpresas y de soluciones llenas de imaginación. A la gente que
a veces confunde imaginación con superficialidad, no le producirá los
efectos dionisíacos con que les mueven las arquitecturas mas formalistas
hoy al uso.

El proyecto que Kazuyo Sejima + Nishizawa propone para Valencia es a la
vez riguroso e imaginativo. Un sueño hecho realidad con los instrumentos
de la razón. La caja maravillosa y llena de luz y de sorpresas que la arqui-
tecta japonesa regala a la ciudad de Valencia es de una gran belleza. La
rotundidad del gran volumen cúbico capaz de responder con la escala
adecuada a la ciudad como conjunto, se convierte en un dechado de
matices en el nuevo espacio creado entre los edificios anteriores y esa caja
abarcante. Las imágenes que nos propone Sejima + Nishizawa del "caminar
a la sombra de los árboles" o la de algún crítico que apunta el como van a
transformar "el viento en brisa suave", son algo mas que creíbles tras
analizar ese proyecto tan sencillo y tan rico a la vez. Una geometría
poderosa temperada por unos materiales que, además de ser los de nuestro
tiempo, son de una delicadeza extrema.

Las dimensiones de la pieza que asustan a algunos timoratos, tienen la escala adecuada para convertirla en un monumento de la ciudad, en un referente del tejido de la ciudad en el barrio que ahora va a poner en valor. Y de toda Valencia. Lo que en su día hicieran tan bien las Catedrales en las ciudades.

El rigor de su geometría (¿porque esta sociedad actual en cuanto quiere criticar una arquitectura la tilda de cubo?) hace que adopte un cierto carácter silencioso. Una caja llena de luz y de sombras y de brisas y de silencio parece que no está nada mal.

Que la solución es de una gran imaginación es indudable. En lugar de sembrar la ciudad una vez más de una traca de volúmenes falleros, se nos ofrece un único espacio abarcante, definido por un único volumen que en su interior desencadena una serie de espacios insospechados. Me parecen especialmente interesantes esos espacios en todo lo alto, como azoteas, casi como jardines colgantes. Con sus palios de sombras que alguien tan bien ha comparado a los sencillos cañizos. ¿Qué más se puede pedir?

Una obra acertada de la mano de unos arquitectos inteligentes, que piensan, y que están repletos de imaginación, que sueñan. Y que le regalan su sueño a Valencia.

Hace años me encargaron un texto que escribí muy a gusto, dándome como pie forzado la palabra cubo. No sabía yo por entonces que el dichoso término acabaría siendo tan usado en nuestros días para esgrimirlo contra cualquier arquitectura que merezca la pena. Y en ese texto utilicé un sencillo truco entre literario y matemático. Elevaba al cubo diez mil flores y éstas se convertían por mor de las matemáticas en un millón de millones. Pues aquí yo me atrevería, al hilo del efecto literario, a sugerir que cuando se inaugure el nuevo edificio, todos los valencianos, de la misma manera que inundan de flores a la Virgen de los Desamparados en su fiesta, desfilaran por las alturas del cubo de Sejima + Nishizawa llevando allí cada año en el primer día de la primavera, miles de flores blancas. Así, al elevar esos miles de blancas flores al cubo, se multiplicarán en millones de flores maravillosas que inundarán con su intenso aroma el aire todo de Valencia. Les aseguro que yo estaré allí con un puñado de magnolias.

EL CIELO SOBRE EL CIELO

Sobre el Centro José Guerrero de Antonio Jiménez Torrecillas en Granada

Frente a la maravillosa mole de la Catedral de Granada, quizás la más hermosa Catedral de Andalucía, ha aparecido, cual si de un David frente a un Goliat se tratara, una pequeña pieza que, además de enfrentarse a ella de tú a tú, toma como tema central de su arquitectura un absoluto respeto y admiración por la pieza histórica.

Había allí un edificio, el Patria, de relativo valor pero al que la ciudad, del que era paisaje habitual, ya se había acostumbrado. Pareciera que el viejo edificio, tras darle la vuelta como un calcetín, hubiera resucitado, obteniéndose un resultado de primer orden.

La estructura espacial original, que estaba formada por dos cajas, una exterior y otra interior que se convertía en patio, se ha reinterpretado de manera muy ingeniosa. Se ha manipulado la caja exterior sin cambiar nada esencial, y se ha utilizado la caja interior, ahora cerrada, como espacio central de exposición en cada planta. En el espacio intradós, se colocan las circulaciones y los elementos servidores. Lo preside y organiza una amplia escalera atravesada por el aire. En la caja central cerrada se controla adecuadamente la iluminación de los grandes cuadros de Guerrero en los que late un cierto aroma de Rothko. En el arranque del edificio el arquitecto ha escapado a la tentación de crear una entrada mayor. Ha sabido leer muy bien el sistema seriado de arcadas sobre esa estrecha calle y ha potenciado esos paños forrándolos de piedra. Hay detalles muy intencionados como el achaflanado de la esquina hasta sólo la primera planta.

Se resuelve así el edificio con una clara estrategia de recorrido ascendente alrededor de la caja central. Como una *promenáde architecturel* en vertical. Un recorrido in crescendo por espacios llenos de luz alrededor de un espacio central cerrado. Pero lo mejor, como debe ser, viene al final, en la culminación. Cuando ya pensamos que todo ha acabado, aparece arriba, aureado con una explosión de luz, un paisaje petrificado en contraste con la obra ciertamente abstracta del museo. La Catedral, su coronación de encajes de piedra se nos muestra al alcance de la mano. La lección aprendida de Le Corbusier de la caja abierta al cielo, la lección andaluza de la azotea, se ha transmitido aquí en un abrirse al cielo de frente, pues de frente está ese paisaje magnífico de la Catedral. La solución formal de enfocar esta pieza última hacia la Catedral con una total transparencia, es magistral.

Me viene a la cabeza la luminosa imagen del Transparente de Narciso Tomé en la Catedral de Toledo. Alguien podría pensar que era muy atrevida, que lo era, la operación de introducir un espacio barroco sobre un majestuoso espacio gótico. La esplendorosa realidad del trozo de cielo lleno de luz arrebatada de ese Transparente es incuestionable de tal manera que está en todas las Historias del Arte y de la Arquitectura. Aquí en Granada, un arquitecto de primera se ha atrevido a actuar con una pieza moderna frente al gran monumento renaciente. La Historia es algo vivo, y el tiempo es algo que late. En este caso con muy buen pulso. Y con la consideración de que el punto clave de esta magistral operación arquitectónica es precisamente esa lectura acertada, sabia, de la Historia. La pieza moderna de Antonio Jiménez Torrecillas tiene su razón de ser en ese mirar admirado a la pieza renacentista, cuyo valor queda aumentado si cabe, a través de esta nueva arquitectura de primer orden.

Cuando tras el calmo recorrido por las salas del Guerrero lleguemos a ese espacio en todo lo alto, que es como un trozo de cielo en el cielo, no querremos ya nunca marcharnos.

ENGASTANDO UNA PIEDRA PRECIOSA
Sobre el Archivo Municipal de Ignacio Mendaro en Toledo

"Expresar lo inexpresable, lo demás sólo es lenguaje". Así de bien describe el poeta Jaime Siles lo que la Literatura es. Pues así también la Arquitectura de este Archivo Municipal de Toledo puesto en pie por Ignacio Mendaro, es capaz de expresar lo inefable.

Un edificio que no sólo tiene la cualidad de haber sabido leer sabiamente la ciudad de Toledo y su historia sino que además posee la poco habitual cualidad de emocionarnos.

Hay obras brillantes de arquitectura, espectaculares, que son capaces de llenar las revistas más en punta y las cabezas de los estudiantes más inquietos, que no es mala virtud.

Hay otras obras que son más lógicas y que también tocan nuestra cabeza de una manera distinta, desde la razón.

Y hay otras obras que, además de tocar nuestra cabeza, también llaman a nuestro corazón. Son obras que, además de ser impecables desde un análisis puramente racional. Y tienen la capacidad de traspasar ese nivel y expresar, siguiendo las palabras del poeta, lo inexpresable, y llegar a emocionarnos.

Si analizamos el edificio del Archivo Municipal de Toledo desde los habituales puntos de vista, es impecable. La claridad de su estructura, la perfecta resolución de las funciones, el claro orden de sus circulaciones, el cuidado estudio de la luz y de la sombra.

Pero yo querría aquí poner el acento en lo que creo más certero. Su adecuación al lugar. Su entendimiento profundo del papel de la arquitectura nueva en la ciudad histórica. De cómo frente a la respuesta conservadora del pastiche, la Arquitectura demuestra que está viva y es capaz de responder con voz fuerte dando razón del tiempo en que se levanta.

Hay algo de orfebre en la labor de Ignacio Mendaro engarzando una nueva piedra preciosa en la joya histórica que es Toledo, una de las más bellas ciudades del mundo.

Las lecciones de Aldo Rossi en su "Arquitectura de la Ciudad" tamizadas por el magisterio de Julio Cano Lasso, como queda patente en los preciosos dibujos del Proyecto, están allí bien aprendidas y hechas realidad (¡cuánto hubiera disfrutado el maestro común paseando por esos luminosos espacios!) ¿Cómo podríamos no entender a la perfección tras esta obra aquello de la *recucitura della citá*? Y es que esta obra tiene mucho de pedagógico. Aunque algunos no hayan sabido ni querido verlo.

Cuando Bernini va a París por ver de hacer el Louvre, proyecta algo "tan moderno" que suscita la oposición de los cortesanos, que lograron que se volviera a Roma. Eso se perdió París. Y fue Mansart, el hermano del farmacéutico del rey, quien construyó el nuevo edificio. Y la historia sigue repitiendo cerril los mismos errores.

Ignacio Mendaro, contra viento y marea, que bien que se desataron en su momento, ha logrado llevar a buen puerto y ha construido una pieza ejemplar y bellísima. Y no duda en escribir generoso que "todo aquello enriqueció el debate ciudadano e invitó a reflexionar sobre el siempre difícil asunto de la intervención en entornos históricos".

Finalmente le fue concedido el Premio de Arquitectura de Castilla-La Mancha.

Ignacio Mendaro es un arquitecto de primera alejado voluntariamente del fragor de las batallas que tienen lugar en la arquitectura del papel impreso. Él está en silencio, calmo, lejos del ruido inútil. No ha logrado todavía, ni ya lo intenta, arrancarse la machadiana espina de la pasión por la Arquitectura en la que sigue poniendo todo su corazón. Y así sigue levantando obras como este Archivo Municipal de Toledo que es capaz de conmovernos y que parece seguir al pie de la letra el precepto de Machado: "Despacito y buena letra, el hacer las cosas bien importa más que el hacerlas". Y vive Dios que las hace muy bien.

LA FUERTE MANO DE PLUTÓN
Sobre la Fábrica Olivetti de Luigi Cosenza en Nápoles

No es fácil resumir la labor de un creador en una sóla obra. Pero sí es verdad que muchas veces asociamos de manera inmediata el nombre de un artista a una sóla de sus creaciones, la que creemos más representativa. Y así se identifica a Velázquez con Las Meninas o a Goya con la Maja desnuda. Aunque yo particularmente, identifique al primero con su Venus del Espejo de la National Gallery de Londres o al segundo con su Perro enterrado en la arena del Museo del Prado de Madrid. Y a Mies van der Rohe se le recuerda por su Farnsworth House y a Le Corbusier por su Ville Savoie más que por sus obras más grandes.

Y si del arquitecto italiano Luigi Cosenza hubiera que elegir una obra capaz de representarle, yo elegiría su Olivetti de Pozzuoli, en Nápoles. Y si de las muchas cualidades que esta obra tiene, tuviera que destacar sólo una, yo hablaría de su ejemplar implantación en el sitio, de su estupendo entendimiento del lugar. Quizás sea ésta la primera condición que se debe exigir a cualquier arquitectura que, siempre está construída en un lugar concreto.

Cuando visité por vez primera la Olivetti de Cosenza, posada sobre la colina que bordea la Via Domitiana, entendí todo esto perfectamente. E inmediatamente vino a mi mente la maestría con la que otro italiano, Bernini, en su Plutón y Perséfone hace que la mano fuerte de Plutón toque la trémula carne de Perséfone en esa prodigiosa escultura que siempre me conmueve profundamente. Tan bien colocada está.

Recuerdo con claridad cuando en uno de mis viajes a Roma fui por vez primera a la Galleria Borghese. Algo que se debe hacer desde el primer día. Y allí descubrí de una manera nueva, palpable, al Bernini escultor universal. El mismo Bernini al que ya me había convertido como arquitecto hacía tanto tiempo. Frente a aquel rapto de Perséfone por Neptuno sentí una emoción difícilmente descriptible. ¿Cómo pudo aquel piadoso Gian Lorenzo Bernini de los demonios hacer que aquel frígido mármol fuera capaz de latir con tan cálido pálpito? Como en la Arquitectura, en la escultura hay siempre, debe haberlo, un momento fuerte. El punto álgido, divino en que la mano derecha de Plutón aprieta la mórbida carne del muslo izquierdo de la angustiada Perséfone, es sin duda un punto culminante de la Historia de la Escultura de todos los tiempos.

Y repito que todo esto me vino a la cabeza con claridad en mi primera visita en directo a la Olivetti de Cosenza. Se despertó mi admiración por cómo estaba colocado aquel conjunto de edificios sobre la colina de la Via Domitiana. Con la misma sabiduría de Bernini. No en vano Bernini y Cosenza habían nacido, los dos, en Nápoles. Claro que yo no sé si sería por eso por lo que al igual que Bernini completa aquel grupo escultórico con un león, tambien Cosenza en un período de su vida tuvo a sus pies también un león, esta vez de verdad, en su propia casa.

Tras mi última conferencia en el preciosísimo Teatrino de Corte del
Palacio Real de Nápoles, Anna María Cafiero y Gianni Cosenza me
contaban cómo su padre había dedicado tantísimo tiempo a la decisión
del lugar preciso donde establecer los distintos planos sobre los que
sabiamente asentó el edificio. Reconociendo palmo a palmo la colina,
como los griegos lo hicieran en la Acrópolis, que algo de Acrópolis tiene
ese conjunto. En vez de hacer lo que tantas veces hizo el Movimiento
Moderno estableciendo una y única y radical explanación. Tuve ocasión de
conocer la Olivetti a fondo con ocasión de mi participación en el Jurado
del prestigioso Premio Cosenza, en el 2000, cuando pasó a tener carácter
internacional, al desaparecer el Premio Palladio. Aquel año se lo dimos a
los Aires Mateus unos jóvenes arquitectos portugueses de primera que
desde entonces no han dejado de seguir ascendiendo. Allí estaban
también entre otros, Mario Botta, Vittorio Magnago Lampugnani por
entonces Director de la ETH de Zurich donde yo fuera Gastdozent
durante todo el Curso 89-90, y Benedetto Gravagnuolo hoy Director de la
Escuela de Arquitectura de Nápoles y cuyo libro sobre Loos he recomen-
dado tantas veces a mis alumnos.

Adriano Olivetti, tras el éxito del edificio de Milán que le hicieron con
tanto acierto Figini y Pollini, en vez de repetir con los mismos arquitectos,
le encarga a Luigi Cosenza en 1950 la nueva Fábrica de Ivrea. *(A Napoli si
poteva fare bennissimo una fabbrica moderna).* Tal era el prestigio de
nuestro arquitecto napolitano. Y Luigi Cosenza, con su habitual parsimo-
nia, proyecta y levanta entre 1951 y 1952 un edificio en el que no sólo
cuida los aspectos espaciales y constructivos sino que es también un
edificio modélico en su género desde el punto de vista funcional. Y logra
construir un edificio que es muy avanzado en todos sus aspectos. Incluído
el social.

Funcionalmente se resuelve con una serie de edificios independientes muy
bien articulados que permiten su adaptación a los diferentes niveles del
terreno en pendiente. Es especialmente interesante la sección constructiva
resuelta con enorme ingenio y que responde con sencillez a los diversos
requerimientos climáticos.

Formalmente la Fábrica Olivetti de Cosenza pertenece a la mejor arquitectura racionalista italiana. Más temperada que la de Terragni, menos radical,
y más adecuada que la de Figini y Pollini, menos compacta. La obra de
Cosenza, y de una manera especial esta Fábrica Olivetti, es un *capolavoro*
de la Arquitectura italiana de aquel periodo que llamamos racionalista y que
con el paso del tiempo se manifiesta de una calidad indiscutible.

La conclusión es que nos encontramos ante una de las figuras más importantes, imprescindible de la Arquitectura del Movimiento Moderno en

Europa. Uno de los maestros cuya obra no sólo ha resistido el paso del tiempo sino que ese tiempo ha puesto en valor su gran calidad. Esa alta calidad que incluso en lo humano se trasluce en ese perspicaz retrato que Mimo Jodice hace de Luigi Cosenza, un verdadero maestro.

SIMPLY, SIMPLE
Sobre la butaca de Claesson, Koivisto y Rune para David Design, Falsterbo

Como a Adán del Paraíso, así me acaban de expulsar de mi casa. Y en mi nueva casa todavía vacía, blanca y pura, la primera pieza que ha entrado es mi silla favorita, la BOWIE Lounge chair de Marten CLAESSON, Eero KOIVISTO y Ola RUNE. Tres magníficos arquitectos suecos de Estocolmo que son buenos amigos y que, además me regalaron la silla.

Y es que esta silla es tan esencial, que podría haber sido la primera silla para Adán tras ser expulsado del Paraíso. Para la "Casa de Adán en el Paraíso" de la que nos hablaba Joseph RIKWERT en su magnífico libro *On Adam´s House in Paradise.*

La silla BOWIE es esencial. Por encima del *Less is More* de MIES van der ROHE o del *Ornament is a delit* de ADOLPH LOOS o del *More with less* de CAMPO BAEZA, esta silla es simplemente sencilla, elemental: unas patas y una lámina de plywood con cuatro tornillos y nada más. Una silla estupenda.

Elemental y lógica y cómoda. *Modern, practical, aware, rational, democratic, personal, ecological and emotional* que es como CLAESSON, KOIVISTO y RUNE definen la buena arquitectura.

O como James IRVING escribe de la obra de estos arquitectos *as they draw, they feel bodies in the spaces.* Y más en esta BOWIE chair que en 2008 cumplirá 10 años de vida para hacer más cómoda la vida de los demás..

A Marten, Eero y Ola, les conocí en el Symposium de ALVAR AALTO en 1994 donde yo actuaba de Lecturer y ellos de jóvenes estudiantes. Y desde entonces sigo su trabajo y les admiro y considero que están entre los más interesantes arquitectos para el futuro que está ya aquí. Así lo escribí en el premonitorio libro10x10 de PHAIDON.

La silla BOWIE está hecha como lo hacían los viejos magos en el Circo: *Nothing here, nothing there,* y aparecía un objeto. Como unos nuevos magos han hecho el prodigio de sacar de la nada una silla para el Tercer Milenio. Una silla maravillosa, mi silla favorita.

Alberto CAMPO BAEZA

N.B. Leo la primera transcripción de este texto, sentado muy cómodamente en la BOWIE, con la música de Arvo Part y con una copa de Pacharán en la mano y fumándome un puro, en mi silla favorita. Y feliz.

UMA BONITA CASA CHEIA DE VAZIOS

Sobre los lofts de Fernando Hipólito en Alcacer do Sal

"Habiéndome convertido en mi propio jefe, le supliqué a la Arquitectura que
se quitara de una vez su vestido de mármol, que se lavara el maquillaje y que
se mostrara como ella misma es, desnuda, como una diosa joven y grácil y
como corresponde a la verdadera belleza, renunciara a ser agradable y complaciente".

Parecería que estas hermosas y fuertes palabras de Konstantin Melnikov
hablando sobre su propia casa hubieran sido escritas *ex profeso* para estas
tan sobrias y hermosas casas-loft de Fernando Hipólito. A mí, que bien me
hubiera gustado vivir en la casa de Melnikov, me gustaría mucho más vivir en
estas casas de Alcacer do Sal. No sólo vivir en ellas sino también haberlas
firmado. Tan buenas son.

La operación espacial que Fernando Hipólito ha hecho allí es tan certera que
parece casi obvia: un contenedor, una caja, un cajón, que antes era almacén,
se vacía y se colocan en él pequeñas cajas bien acordadas con espacios
llenos de aire y de color. Y casi nada más. Se podría decir que ha llenado de
vacíos una gran caja.

Las cajitas blancas, los lofts, siguen el orden dictado por la memoria
constructiva del antiguo almacén de arroz. Se afinan con las ventanas
y se colocan pequeños núcleos de baños y cocinas en los sitios
adecuados.

Los espacios son ajustados, que no pequeños, porque estos lofts son
espacios justos para vivir. Quizás para gente joven, de mentalidad joven. Y
como tienen una muy buena escala, parecen amplios y grandes.

Se nota que el arquitecto ha trabajado con libertad. Con la libertad y la radicalidad y la fuerza capaces de convocar a la belleza. Porque estas casas son
muy hermosas.

Y repito que no sólo me gustaría vivir en ellas sino que también me hubiera
gustado el haberlas firmado. Y daré razones para ello: estas casas están bien
concebidas, bien acordadas, bien compuestas, bien construidas, bien planteadas, bien ordenadas y muy bien espaciadas.

Bien concebidas: la idea central de llenar un almacén antiguo con unas cajas
nuevas, una caja grande con unas cajas pequeñas, es una idea certera,
acertada: una casa hermosa llena de vacíos.

Bien acordadas: las partes entre sí y su relación con el contenedor general,
están muy bien cosidas. Con una impecable lógica arquitectónica. Las
pequeñas grandes cajas en blanco y negro se articulan muy bien con los
pasillos de vivos colores.

Bien compuestas: estas casas sencillas, exquisitas, casi "sotianas" hechas con casi nada, son de una sobriedad y elegancia manifiestas.

Bien construidas: con materiales bajos de coste pero riquísimos de resultado. Los suelos hechos con tableros de encofrado reciclados podían haber sido encargados al mismísimo Rothko. El resultado es deslumbrante.

Bien planteadas: las plantas son impecables. El cambio de la entrada y algunos gestos sutiles, hacen que todo funcione como un reloj suizo, a la perfección. Bien planteadas que significa bien plantadas.

Bien ordenadas: la cartesiana estructura con la que se resuelven, no sólo responde al paso de la Gravedad sino que, y es lo más importante, establece el orden del espacio de manera ejemplar.

Bien espaciadas: se han proporcionado muy bien los espacios. Son especialmente interesantes los lofts con mezanina. En todos ellos el acierto espacial es indudable.

Con todo ello, además de vivir aquí y querer firmarlos, si tuviera que calificarlos como profesor de Proyectos, les daría la máxima calificación. Y es que en este proyecto de Fernando Hipólito se cumplen de tal manera la conjunción entre la Firmitas y la Utilitas vitrubianas que alcanzamos de la mano de Vitrubio la belleza, la Venustas. Tan buena es esta obra y tan bueno el arquitecto.

UNA CASA PARA ADÁN EXPULSADO DEL PARAÍSO

Sobre la Casa Hemeroscopium de Antón García Abril en Las Matas, Madrid

Yo podría hablarles de la más bella casa que he visto en mi vida, de la más hermosa, de la más fuerte. Pero no voy a hacerlo.

Yo podría decirles que si tuviera que calificar esta casa que he visto hoy, lo haría con matrícula de honor porque es la casa más intensa que he visto en mi vida. Pero no voy a hacerlo.

Yo podría decirles que esta casa cumple puntualmente muchos de mis ideales del más con menos y que utiliza los materiales de modo salvaje. Pero no voy a hacerlo.

Sí podría decirles y lo estoy diciendo, que esta casa provoca a cualquier arquitecto profundo que se precie, y le llama a establecer un profundo diálogo con ella y con su autor.

Y de la misma manera que Mies van der Rohe supo entender cómo el acero era capaz de concentrar las cargas hasta conseguir la máxima transparencia para dejar paso al paisaje, subrayándolo, así esta casa.

Y de la misma manera que Le Corbusier supo ordenar con los blancos pitillos la blanca caja que navega en la que su *fênetre en longeur* enmarca la naturaleza, así esta casa.

Y de la misma manera Antón García Abril ha intuído ¿ha sabido? que la tecnología actual puede y debe cambiar el concepto del espacio.

Ya sé que alguno dirá que exagero un poco en este texto. Lo hago con plena conciencia y con la clara idea de que hay que apoyar a la gente joven y valiosa que empieza. Conmigo lo hicieron en su momento arquitectos a los que nunca agradeceré suficientemente su generosidad: Sota y Cano Lasso y Cabrero en mis primeros pasos. Carvajal en mi carrera docente. Y Oiza. Meier y Frampton y Vignelli y Dal Co en los años más recientes. Y tantos otros. ¡Gracias!

¡Bienvenido Antón García Abril!. Y ustedes, vayan a ver la casa en vivo y en directo. Me lo agradecerán.

UN HUERTO DE ROSAS
Sobre el MAM de José María Lozano en Catarroja, Valencia

"Ayer leí en el periódico que había muerto un arquitecto racionalista. Sí, pero vuestro padre tenía un huerto de rosas en el jardín." Así escribía Gustavo Torner a los hijos de Julio Cano Lasso al poco de morir su padre. Y con estas emocionantes palabras tan hermosas resumía bien el espíritu de una arquitectura de primer orden que era la que hacía Julio Cano Lasso.

Pues yo creo que José María Lozano también tiene su huerto de rosas. Y también tiene unas sólidas raíces racionales que hacen que ponga siempre en pie esa arquitectura luminosa y serena que tan bien le caracteriza. Una arquitectura de raíces racionales donde la "firmitas" y la "utilitas" bien desplegadas hacen que siempre aparezca en todo su esplendor la "venustas" reclamada por Vitrubio. Una arquitectura luminosa como bien corresponde a un muy buen arquitecto mediterráneo.

No nos sorprende ya, en los días que corren, el que al abrir una revista de arquitectura uno se encuentre con el "más difícil todavía". Y no tanto porque aparezcan nuevas ideas materializadas, sino porque aparecen multitud de formas extravagantes a las que no es fácil encontrar sentido alguno. Todo está como invadido de aquello que cuando éramos alumnos llamábamos formalismo.

Se curva, se tuerce y se retuerce, se pliega y se repliega, se gira, se inclina, se agita, se colorea, se arruga, y ya no se sabe bien cómo describir tanta agitación formal. Y encima los hay que lo hacen con cierta gracia. Y otros, pocos, hacen tantas obras que son capaces de hacerlo un día recto y al día siguiente torcido, un día horizontal y al día siguiente inclinado. E incluso son capaces de hacerlo a la vez recto y torcido, horizontal e inclinado, todo a la vez. Y consiguen que todos aplaudan. Un prodigio de la naturaleza.

Y no será porque la Historia de la Arquitectura no nos siga enseñando como un libro abierto. Cuando Mies van der Rohe en 1921 traza la planta de la transparente torre para el concurso de la Friedrichstasse, no utiliza ni un ángulo recto. Pero había razones profundas para hacerlo así. Tal era su empeño en mostrar y demostrar la transparencia cristalina a la que podía, también en vertical, llegar la Arquitectura. Y en una vuelta de tuerca más, concibe y dibuja esa actualísima fachada curva cristalina para su Glass Skyscraper de 1922. Más que sólo propuestas formales, Mies lo que trataba era de materializar ideas, de levantar manifiestos.

Pues eso, materializar ideas, construirlas de la mano de la luz, en la eterna lucha por vencer a la gravedad, es lo que hace José María Lozano. Y así, recta a recta, caja a caja, con puñados de luz y de aire, ha construido un hermosísimo edificio que es el Museo Antonia Mir. Este Museo es una pequeña joya, o mejor todavía, una preciosa colección de cajas bien concatenadas para bien temperar el aire allí contenido. Y tensar la clara luz mediterránea que allí tan bien se llega. Ideas como la continuidad espacial o la transparencia están allí materializadas. Y la luz y el aire discurren por aquellas tramas ortogonales con la libertad con que las notas musicales lo hacen sobre los pentagramas.

Claro que esta arquitectura que ahora vemos está en lógica continuidad con la obra anterior de José María Lozano. Desde aquella impresionante y luminosa Casa del Alumno para la Universidad Politécnica de Valencia, hasta las prodigiosas viviendas sociales de Castellón donde la curva se alza con fuerza y donde construye un garage con cartabones de hormigón muy hermoso. Desde la nueva estación del Metro de Valencia-Carlet hasta el nuevo Casino de Valencia. Todo coherente, todo de primera.

En esa lógica racional de su arquitectura, se le nota a José María Lozano que es docente, y muy bueno. Catedrático de Proyectos de la Escuela de Arquitectura de Valencia, donde empezó como profesor con Miguel Colomina que era un magnífico arquitecto y catedrático que levantó en Valencia un conjunto de obras de enorme calidad. El prestigio internacional de José María Lozano también le ha llevado a ejercer su docencia en países tan diversos como Polonia o Cuba. Y su ejemplar labor de investigación en la Universidad de Valencia se traduce en sus numerosos libros y publicaciones. Y su afán por difundir la Arquitectura de la que sigue siendo un entusiasta, le lleva a una labor eficaz en los medios de comunicación.

Una estupenda poetisa gaditana, Pilar Paz Pasamar dice que ella se dedicó a la Poesía cuando "descubrí que las palabras tienen música". Y yo creo que José María Lozano con su Arquitectura ha descubierto hace mucho tiempo que el aire tiene música. Que la música está en el aire y la Arquitectura no es más que un instrumento para hacerlo sonar. Y vive Dios que el aire suena a música divina en su Arquitectura. Música divina que resuena ahora de manera sublime en este Museo Antonia Mir de Catarroja.

¿MIES SIN COLUMNAS?
Sobre el Glass Skyscraper de Mies van der Rohe en Berlín

En aquel sofocante verano de Berlín de 1922 Mies van der Rohe estaba
sentado en su silla frente a su mesa en la que sólo había tres piezas: un vaso
precioso medio lleno de vino blanco, una botella abierta de Riesling y el vaso
Savoy de Alvar Aalto transparente.

El vaso precioso medio lleno de vino era un diseño de Adolf Loos. Mies, tras
leer un agudo texto de Quetglas en "Circo", se decidió a comprar una docena
de piezas y estaba encantado. Y cada vez que lo cogía entre sus manos sentía
el cosquilleo de las estrías en el cristal, tan bien descrito en su texto por el
arquitecto catalán.

La botella abierta era de un Weingut Barzen Riesling Auslese Halbtrocken de
1920. El mejor rubio Riesling producido por Barzen. El vino preferido por Mies.
Sublime.

El vaso Savoy estaba considerado por algunos como la mejor pieza de Alvar
Aalto. El maestro finlandés confesaba que se había inspirado en "la vuelta de
los pantalones de cuero de las mujeres esquimales". Tengo un ejemplar ante
mí cuando escribo esto y debo confesar que sigue siendo fascinante.

Mies acababa de perder el concurso para la torre de la Friedrichstrasse. Allí
había hecho, con el lema BEEHIVE (colmena), un maravilloso proyecto en
cristal (sigo prefiriendo el término cristal mejor que vidrio) que nunca
repetiría.

Para resolver el solar triangular entre la Friedrichstrasse, la estación de
trenes del mismo nombre y el río Spree, había inventado una planta foliforme
con geometría triangular, de manera que la luz entrara en los intersticios y
fuera capaz de traducir con su juego de reflejos en los vértices la verticalidad
deseada. Y los ángulos agudos de las esquinas, menores de 90 grados eviden-
ciaban desde la calle, en perspectiva por mor del escorzo, la tan buscada
transparencia en las plantas más altas. En el centro, los núcleos resistentes
con escaleras y ascensores y servicios.

Y Mies, en vez de enfadarse por haber perdido, decidió seguir su investigación sobre lo que es y significa un edificio en altura con la transparencia del
cristal. La torre de cristal, el *glass skyscraper.* Y su reflexión frente al Loos
lleno de Riesling y al vacío Aalto cristalino tuvo sus frutos cuando, tras
echarse al coleto el tercer vaso de vino, lo vio todo claro. *In vino veritas*, o
con palabras de Karen Blixen, "el vino es el mejor camino para llegar a la
verdad".

Tomó un papel blanco sobre el que puso boca abajo el vaso de Aalto, y con
su grueso lápiz trazó el contorno. Y vió claro que la continuidad cristalina que
en el vaso era patente, podía ser trasladada casi literalmente a la tan

buscada planta. Hagan ustedes la prueba y se quedarán sorprendidos. No es que el contorno del vaso de Aalto y el del rascacielos de Mies sean parecidos: son idénticos. Yo mismo me he asustado al comprobarlo. Y el mismo Mies se conmovió tanto que hizo este primer dibujo sin dibujar pilares que sustentaran los planos horizontales. Aunque bien claros que los tenía en su cabeza.

Antón Capitel en un breve texto que en 1994 hiciera para el "Circo" de M. Mansilla, Rojo y Tuñón, comentaba esta ausencia de pilares. Y luego en 2004, en su precioso texto "Las columnas de Mies" que siempre recomiendo, escribió: " las abstractas plantas de estos edificios aparecen así tan voluntarias como nítidas, obstruidas únicamente por el sistema de las circulaciones verticales, y dando rienda suelta en el dibujo a un deseo imposible, así como dejando a las columnas sin existencia alguna en cuanto que elementos de composición".

Con ocasión de la exposición *Mies en Berlín* que Terence Riley y Barry Bergdoll organizaron en el MOMA de Nueva York en 2001, tuve ocasión de ver un dibujo de Mies que yo no conocía y que acompañaba a la citada y siempre reproducida planta "sin pilares" del Glass Skyscraper. El dibujo, en un papel grande de aproximadamente 1 m por 70 cm, estaba hecho con lápiz y carboncillo, y "con pilares", con los pilares bien puestos. Allí, con miesiana precisión, el maestro trazaba la geometría impecable de la estructura con tanta claridad, que la planta de pilares aparece dos veces. *In situ* con las líneas de conexión y, más arriba a la izquierda, tan limpiamente que a primera vista alguien los podría confundir con un grupo de árboles. ¡Mies! ¿Cómo podría Mies no pensar en la estructura? La exposición estuvo luego en Berlín y más tarde en Barcelona. En el catálogo aparece en tamaño muy pequeño en la página 188, y les animo vivamente a que lo estudien.

El resultado de todo ello fue un proyecto insuperable que se tradujo en una maravillosa maqueta, con pilares, que Mies mandó fotografiar repetidas veces. El testarudo Mies, como no quería perder el tema del ángulo agudo transparente sobre el que tanto había meditado para el proyecto anterior, dejó todavía una esquina en ángulo. Para mostrar aquella transparencia en escorzo. Y así, el maestro elige como *piéce de resistance* la imagen en la que la torre aparece más esbelta y transparente que es ¡cómo no! la que tiene a la izquierda el ángulo agudo y por lo tanto una transparencia máxima. Y con los pilares, las columnas de Mies, muy bien puestos.

Una vez más, como no podía ser menos en Mies, la estructura estableciendo el orden del espacio, y la luz que a fuer de convocar allí la transparencia evidente, construye el tiempo. Y es que, como insistentemente repito a mis alumnos, en Arquitectura "la gravedad construye el espacio y la luz construye el tiempo".

Y una pregunta final, ¿por qué Mies nunca pondría en pie esa maravillosa torre de cristal que todavía hoy (nunca nadie la ha construido) sigue siendo adelantada a su tiempo?

N.B.

Esta historia es en parte inventada. El concurso de la Friedrichstrasse es de 1921, y el proyecto del Glass Skyscraper de 1922. El vaso de Adolf Loos es de 1931, y el de Alvar Aalto de 1937, y yo no sé si los Barzen producían por entonces el fabuloso Riesling del que hoy disfrutamos. Lo de las columnas de Mies en el Glass Skyscraper sí que está en el esclarecedor dibujo del que hablo y que aquí se reproduce.

Pero la historia es creíble y las coincidencias ciertas. Y el tema central, el increíble rascacielos de cristal de Mies, sigue siendo una asignatura pendiente. Columnas de Mies incluidas.

ALADINO Y LA LÁMPARA MARAVILLOSA

MARAVILLOSA

Sobre la lámpara de Eduardo Souto de Moura para FERRAM, Madrid

Eduardo Souto de Moura está reconocido internacionalmente como uno de los mejores arquitectos de este nuevo milenio que acabamos de estrenar.

Y está ideando, dibujando y construyendo una lámpara maravillosa. Y a mí me toca el hacer el ejercicio de escribir sobre esta lámpara a base de pura imaginación, sin saber nada de ella. Aunque lo sepa todo, casi todo, sobre Eduardo Souto de Moura por quien tengo una profunda admiración. Si sé que será (todo lo que él hace o toca lo es), una lámpara maravillosa, como la de Aladino.

¿Será posible escribir sobre esa lámpara maravillosa sin conocerla cuando yo mismo estoy haciendo otra lámpara para FERRAM, el mismo productor, y que quiero que sea también maravillosa?

¿Será posible adivinar las claves de su proyecto cuando yo suelo utilizar muchas de esas mismas claves para los míos?

¿Será posible descubrir sin conocerlos los datos concretos sobre una nueva obra de un arquitecto de quien uno conoce y admira los ingredientes con los que habitualmente compone su Arquitectura?

Claro que sí será posible. Y me voy a atrever a acotar el territorio en el que creo se va a mover la lámpara de Eduardo Souto de Moura. Estoy seguro de que será una lámpara LÓGICA, SENCILLA Y RACIONAL.

Será una lámpara LÓGICA, como lógica es la mejor arquitectura de su autor.

Será una lámpara SENCILLA, fácil de comprender, como sencillas son en el sentido más profundo, todas sus mejores obras.

Será una lámpara RACIONAL, capaz de ser fabricada sin problemas, como racional es toda la arquitectura de nuestro arquitecto.

Claro que toda la mejor arquitectura contemporánea portuguesa ha sido siempre LÓGICA y SENCILLA y RACIONAL. Desde la de Tavora a la de Siza, desde la de Souto de Moura hasta la de los Aires Mateus.

Será una lámpara que tendrá un cierto aroma de MIES, como siempre lo ha tenido, gran parte de la arquitectura de Eduardo Souto de Moura.

Será una lámpara realizada con materiales RICOS. Eduardo Souto de Moura es un arquitecto que sabe usar como nadie los mejores materiales, y los pone en valor.

Será una lámpara que tendrá algo de SUIZA, no sólo por su perfección sino porque su autor ha sido docente allí, en Lausanne, por un largo tiempo.

Viene ahora a mi recuerdo un paseo con Eduardo Souto de Moura por las calles de LAUSANNE. Yo acababa mi docencia en la EPFL y él la comenzaba. Yo procuraba transmitirle mis experiencias en aquella estupenda Escuela de Arquitectura. Al poco tiempo de empezar nuestro paseo, vimos una colilla sobre el pulcro pavimento de la ciudad suiza. "De un español", dije yo. "De un portugués", dijo él. Y seguimos caminando. Más adelante apareció el paquete de Ducados vacío y arrugado en el suelo. "Ya te dije yo que era de un español". Y él me corrigió."¿No sabías que Ducados es el tabaco más fumado en Portugal?". Y ambos nos reímos.

Será una lámpara INGENIOSA con una idea brillante capaz todavía de sorprendernos.

Será una lámpara ELEGANTE, con la elegancia extrema que despliega Eduardo Souto de Moura en todas sus obras y que es marca de la casa.

Será una lámpara INTELIGENTE. Con la inteligencia que es patrimonio de la mejor Arquitectura capaz de permanecer en el Tiempo y de convocar a la Belleza.

Así lo ha hecho Souto de Moura en todas sus obras. Sus obras no sólo son capaces de permanecer en el Tiempo y de convocar a la Belleza, sino que pertenecen ya a la Historia de la Arquitectura. Desde la casa de Moledo (Un plano horizontal sublime) hasta el Estadio de Braga (una grandiosa mano que atrapa el aire). Desde las casas patio en Matosinhos (una impecable estructura de orden), hasta el Metro de Porto (con unos certeros boquetes en el techo para que pase la Luz). Desde la caja traspasada de Cascais hasta el delicado triedro de la Iglesia de la Misericordia.

Y ahora, aquí, con esta lámpara maravillosa. LÓGICA, SENCILLA Y RACIONAL. MIESIANA, SUIZA Y RICA. INGENIOSA, ELEGANTE E INTELIGENTE. Así es la lámpara y la Arquitectura de Eduardo Souto de Moura. Un arquitecto maravilloso capaz siempre de hacer en cada obra el milagro de Aladino.

VOLAR EN EL ESPACIO
Sobre el Centro de Mayores de Pablo Fernández Lorenzo y Pablo Redondo en Villar del Buey, Zamora

En mi última visita al MOMA de Nueva York, descubrí un pequeño cuadro
de Paul Benson que mostraba la imagen de un misterioso plano alargado
flotando en el aire. Como un puente de aire en el aire que casi volara. Y me
trajo al recuerdo el último edificio construído por dos jóvenes arquitectos
de Madrid: Pablo Fernández Lorenzo y Pablo Redondo. Un bellísimo
edificio puente que flota enigmático, que casi vuela, sobre un paisaje de
topografía fuerte. El lugar, las afueras de Villar del Buey, un pueblo de la
provincia de Zamora. La función, una residencia de mayores para gente de
la zona.

El edificio es como un gran puente de 80 metros de largo por 12 metros de
ancho y de una sóla planta, que se apoya en sólo tres puntos, las rocas más
emergentes que distan entre sí 43 y 21 metros respectivamente. La imagen
final es muy impresionante y el planteamiento impecable.

Estructuralmente es, no podía ser de otra forma, una gran viga puente
triangulada que luego se elementa, se viste convenientemente. Con
cubierta y "vientre" metálicos. Los puntos de apoyo son muy claros: un
empotramiento fijo al centro, un apoyo en libre dilatación un lado y una
articulación al otro.

Si el papel de la estructura es siempre no sólo el de transmitir las cargas
correspondientes a la tierra, sino además el de establecer el orden espacial
de los edificios, aquí se hace de manera ejemplar.

El origen de toda esta radical operación es la decidida voluntad de casi no
tocar la naturaleza sobre la que se posa el edificio. Lo que tantas veces
hiciera Mies van der Rohe, se consigue aquí plenamente. Otro cuerpo del
edificio con los elementos de servicio se resuelve de manera opuesta, con un
volumen que se enraiza con la propia tierra sin solución de continuidad,
incluso en el material con el que se cubre, la piedra. Una vez más la distinción que tan bien planteara Gotfried Semper y luego Kenneth Frampton entre
lo tectónico y lo estereotómico. Entre la cueva y la cabaña.

En sus materiales y en sus detalles se resuelve la obra con gran sencillez,
dentro de la máxima economía de medios.

Al mismo tiempo que esta obra, en la que emplearon casi cuatro años, Pablo
Fernández Lorenzo inventaba, diseñaba, construía y le premiaban una
pequeña gran mesa desplegable que es como un trasunto del edificio que
comentamos: una mesa metálica de tapa y patas de acero que mide, cerrada,
70x140 centímetros y con 70 centímetros de altura. Cuando las alas de sus
costados se despliegan alcanza, lógicamente, las dimensiones de 70x280,
parece que fuera a echar a volar. Tan sorprendente y estupenda como el
edificio.

Y es que bordear las leyes de la gravedad, volar en el espacio, como durar en el tiempo, ha sido siempre una vieja aspiración del hombre rebelde. Así lo hicieron siempre los mejores arquitectos para levantar sus mejores obras. Como estos arquitectos.

ROJA Y CÚBICA GEODA
Sobre el pabellón para el COAM de Raúl del Valle en Madrid

Exacto y preciso. Y precioso. Cerrado y rojo por fuera, como una roja y cúbica
geoda. Lleno de aire y de luz por dentro, como el interior de una nube
iluminada. Y todo ordenado con las reglas del ángulo recto. Así es el pequeño
gran pabellón rojo que el arquitecto Raúl del Valle ha levantado para el
COAM (Colegio Oficial de Arquitectos de Madrid) en el reciente SIMA 04
(Salón Inmobiliario de Madrid 2004).

No era de mayor tamaño la arquitectura que Mies van der Rohe levantara,
también en el interior de un gran recinto cubierto, también en una Feria, en
1927 en Berlín para la Exposición de la seda. Y todavía resuenan los ecos de
aquel pequeño gran prodigio.

O, ya en la Arquitectura española contemporánea, los pabellones que en la
Trienal de Milán representaron a España: en 1951 el de Coderch y Valls y en
1957 el de Carvajal y García de Paredes. Obras brillantes de los maestros en
su juventud.

La caja roja de Raúl del Valle contenía en su interior, expuestas sobre los
luminosos paneles translúcidos, una colección de las mejores viviendas con-
temporáneas que los mejores arquitectos de Madrid acaban de construir.

Raúl del Valle es uno de los más prometedores arquitectos jóvenes de
Madrid. Fue primer premio en el Europan de 2001 con unas radicales torres de
viviendas frente al mar, hermosísimas, en Tenerife, que espero ver pronto
construidas. Profesor de Proyectos en la ETSAM desde 2000, el mismo año
en que representó a España en La Bienal de Venecia. Su roja y cúbica geoda
bien merecería permanecer en la memoria de estas pequeñas grandes obras
de la Arquitectura.

LA CASA DE LOS CUATRO ELEMENTOS
Sobre una casa de Paulo H. Durao en Pedrogao

"El FUEGO está en el centro de la casa, rodeado de la TIERRA que lo abraza y sobre la misma TIERRA en la que la casa se asienta firmemente. Luego delante el AIRE atrapado entre dos planos con una firme columna que da apoyo. Y en el borde, al límite del mundo, el AGUA con el que lavar las culpas de la vida."

Así se expresa un poeta amigo sobre esta casa esencial, tan esencial que es posible reconocer en ella los cuatro principios fundamentales que, según los filósofos primitivos, constituyen los cuerpos. El FUEGO y la TIERRA y el AIRE y el AGUA de los que hablaba Empedocles y con él toda la Filosofía, se hacen aquí presentes con toda la fuerza que les da la Arquitectura.

Es hermoso poder describir así una casa, de manera clara y distinta, como si de un pensamiento, una idea, se tratara. Una casa que es la ópera prima de un arquitecto joven por su edad y sabio por la profundidad de su conocimiento.

En el centro el FUEGO. Parecería que han olvidado los arquitectos que éste es el foco y centro de la vida. Que a su alrededor, el hombre primitivo se reunía con su gente para calentarse, para comer y para hablar largamente y para cantar, al calor y a la LUZ que genera tan misterioso elemento. Y es que no sólo el calor sino la luz y también el poder comer lo que el fuego es capaz de transformar, hacen del fuego un elemento esencial en la vida. La del hombre primitivo y la nuestra.

Las estancias de esta casa, más que habitaciones, son como si la misma TIERRA arropara a todo lo que está alrededor del FUEGO. Parecería que se ha excavado una cueva, que eso es esta casa. Y con la misma TIERRA se construye el podio sobre el que la casa se asienta. TIERRA que se traduce con el potente hormigón.

La casa, por delante, se abre toda ella al AIRE. Y se sustenta el techo con una única columna principal que así, sóla protagonista, adquiere una gran fuerza. Y el vidrio, transparente y limpio, desaparece.

Y al final, al borde, al límite del mundo como dice nuestro poeta, el AGUA. Alberca más que piscina, conformada con los mismos muros de hormigón, define el plano principal con radical precisión.

Suelo empezar todos los años mis clases, poniendo a mis alumnos el ejercicio heredado de Alejandro de la Sota, el maestro, de una casa soñada. Para que aprendan a soñar, para que sueñen, para que intenten hacer esos sueños realidad. Pues se diría que Paulo Durao en su primera obra, hubiera levantado una casa soñada, hubiera hecho realidad un sueño. Una casa hermosísima construida con sólo los cuatro elementos.

Rilke escribía en sus Cartas a un joven poeta: "Reconozca usted que se moriría si se le privara de escribir". Pues con esa intensidad trabaja Paulo Durao la Arquitectura. Con la intensidad de los verdaderos creadores.

BIBLIOGRAFÍA BÁSICA
Sobre textos publicados de Alberto Campo Baeza

TEXTOS SOBRE ARQUITECTURA

EL ESTABLECIMIENTO DE LA ARQUITECTURA
Estereotómico y Tectónico. ETSAM 2000-2001. Ed. Mairea. Madrid, 2001

EL ARQUITECTO QUE QUISO ATRAPAR EL CUBO DE LA ARQUITECTURA
Atravesar el espejo. ETSAM 2001-2002. Ed. Mairea. Madrid, 2002

DE LA CUEVA A LA CABAÑA
Sustancia y Circunstancia. ETSAM 2002-2003. Ed. Mairea. Madrid, 2003

EL SOPLO DE UN AURA SUAVE
Cultura y Natura. ETSAM 2003-2004. Ed. Mairea. Madrid, 2004
10X10. Ed. Phaidon. Londres, 2005

DE LA MEDIDA DE LAS IDEAS
Pensar con las manos. ETSAM 2004-2005. Ed. Mairea. Madrid, 2005

LA CIUDAD MACHACADA
Babelia. ETSAM 2005-2006. Ed. Mairea. Madrid, 2006
Arquitectos 181. Ed. CSCAE. Madrid, 2007

DE LAS MEDIDAS DEL HOMBRE
Habitar el nuevo milenio. ETSAM 2006-2007. Ed. Mairea. Madrid, 2007

LA ESTRUCTURA DE LA ESTRUCTURA
La línea del cielo. ETSAM 2007-2008. Ed. Mairea. Madrid, 2008

LIGHT IS MUCH MORE
Tectónica 26. Ed. ATC. Madrid, 2008

SHARPENING THE SCALPEL
Casas. Ed. Libria. Melfi, 2008

CUANDO EL PLANO SE CONVIERTE EN LÍNEA
Inédito

TEMPUS FUGIT
Inédito

DIBUJAR EN EL AIRE
Inédito

TEXTOS SOBRE ARQUITECTOS

LA BELLEZA MISMA (Luis Barragán)
Luis Barragán. Ed. Arquitectosdecadiz. Cádiz, 2003

UNA ARQUITECTURA LIMPIA (Manuel Sánchez Arcas)
Manuel Sánchez Arcas. Arquithemas. Ed. Fundación Caja de Arquitectos. Barcelona, 2003

LA LUZ QUE CONSTRUYE EL TIEMPO Y EL ESPACIO (Adolf Appia)
Adolf Appia, Escenografías. Ed. Círculo de Bellas Artes. Madrid, 2004

DENSA ARQUITECTURA (Jesús Aparicio)
10X10. Ed. Phaidon. Londres, 2005

PLIEGUES DE LUZ (Juan Carlos Sancho y Sol Madridejos)
10X10. Ed. Phaidon. Londres, 2005

VISIBILITY (Emilio Tuñón y Luis Moreno Mansilla)
10X10. Ed. Phaidon. Londres, 2005

EXCAVANDO EL AIRE (Manuel y Francisco Aires Mateus)
10X10. Ed. Phaidon. Londres, 2005

LESS IS MORE? MORE WITH LESS, MORE WITH LIGHT (Vincent van Duysen)
Vincent Van Duysen. Ed. Thames & Hudson. Londres, 2007

UNA ARCHITETTURA COME ME (Ignacio Vicens y José Antonio Ramos)
Vicens+Ramos. Ed. Pencil. Valencia, 2007

AY BARRAGÁN (Luis Barragán)
Luis Barragán frente al espejo. Ed. Fundación Caja de Arquitectos. Barcelona, 2008

A LA LUZ DEL ALUD DE LA LUZ DE LE CORBUSIER (Le Corbusier)
Minerva. Ed. Círculo de Bellas Artes. Madrid, 2006

OSCAR TORERO NIEMEYER
Oscar Niemeyer. Ed. Cosac & Naif. San Pablo, 2008

EL NOSTOS DE RICHARD MEIER (Richard Meier)
Richard Meier. Ed. Taschen. Colonia, 2008

TEXTOS SOBRE OBRAS DE ARQUITECTURA

OLOR A MAR
Sobre la Galería de Martín Lejarraga en Murcia
VIA Arquitectura. COA Valencia. Valencia, mayo 2002

VALENCIA INUNDADA DE FLORES
Sobre el nuevo IVAM de Kazuyo Sejima en Valencia
Levante EMV, 28 junio 2003

EL CIELO SOBRE EL CIELO
Sobre el Centro José Guerrero de Antonio Jiménez Torrecillas en Granada
Documentos de Arquitectura. Ed. COA Almería. Almería, 2003
Neutra 11. Ed. COASevilla. Sevilla, 2004
Arquitectura Ibérica 5. Ed. Caleidoscopio. Casal de Cambra, 2004.
Casabella 744. Ed. Mondadori. Milán, 2006

ENGASTANDO UNA PIEDRA PRECIOSA
Sobre el Archivo Municipal de Ignacio Mendaro en Toledo
Archivo Municipal de Toledo. Ed. COA Castilla La Mancha. Toledo, 2006

LA FUERTE MANO DE PLUTÓN
Sobre la Fábrica Olivetti de Luigi Cosenza en Nápoles
Luigi Cosenza. Ed. Clean. Nápoles, 2007

SIMPLY SIMPLE
Sobre la butaca Bowie de Claesson, Koivisto y Rune
My favourite chair. Ed. Callwey. Munich, 2008

UMA BONITA CASA CHEIA DE VAZIOS
Sobre los Lofts de Fernando Hipólito en Alcácer do Sal
Arquitectura e Vida 91. Lisboa, marzo 2008

UNA CASA PARA ADÁN EXPULSADO DEL PARAÍSO
Sobre la casa Hemeroscopium de Antón García Abril en Las Matas, Madrid
Spain Architects Housing 6. Ed. Manel Padura. Barcelona, 2008

UN HUERTO DE ROSAS
Sobre el MAM de José María Lozano en Valencia
MAM. Museo Antonia Mir. Ed. Grupo San José. Valencia, 2008

¿MIES SIN COLUMNAS?
Sobre el Glass Skyscraper de Mies van der Rohe en Berlín
Minerva 07 2008. Ed. Círculo de Bellas Artes. Madrid, 2008

ALADINO Y LA LÁMPARA MARAVILLOSA
Sobre la lámpara de Eduardo Souto de Moura para Ferram
Inédito

VOLAR EN EL ESPACIO
Sobre el Centro de Mayores de Pablo Fernández Lorenzo y Pablo Redondo en Zamora
Inédito

ROJA Y CÚBICA GEODA
Sobre el Pabellón para el COAM de Raúl del Valle en Madrid
Inédito

LA CASA DE LOS CUATRO ELEMENTOS
Sobre la casa de los cuatro elementos de Paulo H. Durao en Pedrogao
Inédito

Otros textos publicados

LIBROS DE TEXTOS

LA IDEA CONSTRUIDA
Alberto Campo Baeza
Ed. C.O.A.M. 1996 (1ª ed.). 1998 (2ª ed.)
Madrid 1996-1998
ISBN 84-7740-083-0

LA IDEA CONSTRUIDA
Alberto Campo Baeza
Ed. Universidad de Palermo-Nobuko Argentina 1999 (1ª ed.)
2000 (2ª ed.). 2004 (3ª ed.
ISBN 987-513-011-1 (1ª ed.)
ISBN 987-513-011-1 (2ª ed.)
ISBN 987 513-011-7 (3ª ed.)

A IDEIA CONSTRUÍDA
Ed. Caleidoscopio 2004 (1ª ed.). 2006 (2ª ed.)
Lisboa 2004-2006
ISBN 972 8801 22X

LA IDEA CONSTRUIDA
Marcelo Camerlo
Ed. Biblioteca Nueva
Madrid, 2006
ISBN: 84 9742 546 4

BARRAGÁN
Alberto Campo Baeza
Arquitectos de Cádiz.
Cádiz, 2003
ISBN 84-607-7281-0

TEXTOS EN LIBROS

IDEA, LUZ Y GRAVEDAD BIEN TEMPERADOS
Arquitectura Espacio y Luz. Ed. CM ALBALAT. Valencia, 2000.

EL PÁJARO POSADO EN LA COLINA (NTRES arquitectos)
Transportes Interurbanos de Tenerife. Ed. TITSA. Tenerife, 2002.

UMA ARQUITETURA DO MAIS CON MENOS (Aurelio Martínez Flores)
Aurelio Martínez Flores. Ed. BEI. San Pablo, 2002.

ARMONIA COL MONDO (Luigi Moretti)
Luigi Moretti. Ed. Unicopli. Milán, 2002.

ENSEMBLE (Junquera- Pérez Pita)
Junquera- Pérez Pita. Ed. Fundación COAM. Madrid, 2002

LA CAREZZA DELLA LUCE
Diario di un cacciatore di spazi. Ed Clean. Nápoles, 2003

LA BELLEZA REBELDE (Miguel Fisac)
Centro de E.H. La Casa del Agua. Madrid, 2003

A GENTLE WHISPER (10 arquitectos)
10x10. Ed. Phaidon. Londres, 2005

ABURTO GENIAL, DECÍA OÍZA (Rafael Aburto)
Aburto. Ed. Ministerio Vivienda. Madrid, 2005

¿ES EL POEMA AGUA, O ES EL POEMA SED? (Wollaert)
Wollaert Architecten. Ed. Lannoo. Tielt, Bélgica, 2005

EL BAILE NO HA HECHO MÁS QUE EMPEZAR (Marcos Parga / Idoia Otegui)
Monoespacios Fundación COAM. Madrid, 2005

TRAVELLING TO GREECE
10 Bienal de Venecia. Milán, 2006

PENSAR CON LAS MANOS, CONSTRUIR CON LA CABEZA
Atlas Ilustrado Arquitectura España s. XX. Ed. Susaeta. Madrid, 2006

TO THE BEAUTY FROM THE WISDOM (Sohrab Zafari)
Architekten Profile 2007-2008. Ed. Birkhäuser. Basilea, 2007

ON RICHARD ENGLAND (Richard England)
100 at 70. Ed.MRSM. Malta, 2007

BOÎTES A MIRACLES
Lección Curso 2007 CEU. Ed. CEU. Madrid, 2007

REFLEJOS EN EL OJO DORADO DE MIES VAN DER ROHE (Asís Cabrero)
Pabellón de Cristal. Ed. Dpto. Proyectos A. ETSAM. UPM. Madrid, 2008.

ATRAPAR EL CIELO
Universidad Laboral Almería. Ed. COA Almería. Almería, 2008

MIRANDO AL CIELO
JAE Jóvenes Arquitectos Españoles. Ed. Ministerio Vivienda. Madrid, 2008

TEXTOS EN REVISTAS

MORE WITH LESS
A+U 337, Tokio october, 1998

UNA ARCHITETTURA COME ME (César Ruiz-Larrea)
Documentos de Arquitectura 48. Ed. COA Almería. Almería, 2000

COME NEVE SENZA VENTO
Young European Architects. Ed. Clean. Nápoles, 2000

DE MUY BUENA TINTA (Amann - Cánovas - Maruri)
Experimenta 33. Ed. Experimenta. Madrid, 2000

RESISTEZ, MAUDITES!
Techniques et Architecture 452. Ed. T&A. París, 2001

UN PUÑADO DE AIRE
2G Aires Mateus. Ed. Gustavo Gili. Barcelona, 2002

LA BELLEZA REBELDE (Miguel Fisac)
La casa del agua. Ed. Ministerio de Fomento. Madrid, 2003

SOCIALIZAR EL SUELO O MORIR
VIA Construcción, febrero, 2005

SIEMPRE FISAC (Miguel Fisac)
Formas 13. 1º Trim. 2006. Ciudad Real, 2006

IL CONFRONTO CON LA STORIA (Antonio Jiménez Torrecillas)
Casabella 744. Mayo 2006. Ed. Mondadori. Milán, 2006

TRAVELLING TO GREECE
Catálogo 10 ª Bienal de Venecia. Milán, 2006

3 LIÇOES DE ARQUITECTURA
Mais Arquitectura I. Lisboa, abril, 2006

APRENDIENDO A PENSAR CON LAS MANOS
Estrategias de formación. Arquitectos 180. Ed. CSCA. Madrid, 2007

EL DURO DESEO DE DURAR
Promateriales. Madrid, 2007

EL VUELO DEL MANTO DEL ÁNGEL (Maragliano)
Diario de Cádiz. 9 diciembre, 2007.

UNA LUZ SOBRE LA CARNE NACARADA (Velázquez)
La Voz. Cádiz. 14 diciembrè, 2007

LAS ESCALERAS COSA DE ÁNGELES
Coté Sud, 1. Madrid, abril-mayo, 2008

CAJAS ABIERTAS AL CIELO
Coté Sud, 2. Madrid, junio-julio, 2008

PENSAR CON LAS MANOS
EGE 5. Ed. Apega. Madrid, 2008

LE CORBUSIER POR PALABRAS
El País, Madrid, 15 de agosto 2008